山辺昌彦15年戦争関係論文集

2

東京空襲の諸問題

山辺昌彦［著］

アテネ出版社

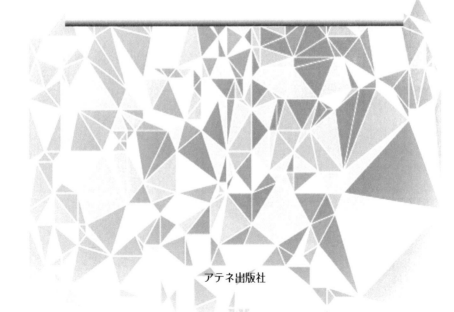

第二巻　はじめに

第二巻には東京空襲関係の論文、講演録などを収録した。いずれも私が「東京大空襲・戦災資料センター」学芸員になってから書いたものである。そこでは、空襲体験者の体験の記憶に基づく空襲像ではなく、空襲した側の記録や日本側の記録による空襲像を重視している。また東京都の慰霊堂関係者が仮埋葬の改葬の結果を重視していたのが、その結果の読み取りを誤り、慰霊堂の遺骨数を過大に言うようになったことの批判などが主な内容となっている。

「東京大空襲・戦災資料センター」学芸員として東京空襲関係の本を刊行しているが、これらは収録していない。本には『決定版東京空襲写真集』がある。これは私の編集とはなっていないで、「東京大空襲・戦災資料センター」編、早乙女勝元監修となっているが、事実上私が編集した。この本には東京空襲の概略、日毎の空襲一覧、本土空襲地域別死者数などを収録しているが、これも私が作成した。この写真集には、東方社、日本写真公社、警視庁の石川光陽の当時公然と東京空襲を撮影できた団体の写真を収録している。この本の続編のような形で編集したのが『東京復興写真集』である。編集は私と井上裕子さんの共編である。『決定版東京空襲写真集』と『東京復興写真集』は勉誠出版の刊行であり、当時勉誠出版の社長であった岡田林太郎氏が、企画・編集、刊行も含めて大きな役割を果たしている。

私とNHKスペシャル取材班共編で東方社の東京空襲写真を編集し『東京大空襲―未公開写真は語る』刊行しているが、これも収録していない。他に、「東京大空襲・戦災資料センター」では、『シリーズ　語り伝える東京大空襲』を発行しているが、私は第一巻を執筆した。これも本書に収録していない。また「東京大空襲・戦災資料センター」は『岩波ＤＶＤブック peace Archives 東京・ゲルニカ・重慶　空襲から平和を考える』を編集しているが、私もその一部を執筆している。これも本書に収録していない。この他、日本テレビから『東京大空襲を考える』を執筆・刊行しているが。これも収録していない。

山辺　昌彦

◎解説

第二巻収録の各論の解説は以下の様である。

1は『戦争孤児たちの戦後史』第三巻に編者の浅井春夫氏の依頼で、東京空襲の実相と戦後東京の戦争孤児の統計的記録について書いたもの。二〇二一年三月刊。

2は歴史科学協議会の歴史評論編集委員会の依頼により、「歴史の眼」覧で東京空襲被災者の戦後の諸問題や運動について書いたもの。二〇一九年六月刊。

3は歴史科学協議会の第四九回大会での「東京大空襲の研究と運動について」の報告を文章化したもの。二〇一六年六月刊。

4は『地域のなかの軍隊』第九巻「軍隊と地域社会を問う」の中に日本各地の空襲の狙い、日本空襲の概観、各地の空襲被害について書いたもの。二〇一五年九月刊。

5は『戦争責任研究』の依頼により、日本空襲における民間人の被害について書いたもの。二〇一四年刊。

6は『歴史地理教育』の依頼により、東方社の新たに公開された資料やアメリカ軍の資料や日本側の記録や写真資料を使って東京空襲の民間人被害の実相を紹介したもの。二〇一四年年四月刊。

7政治経済研究所付属東京大空襲・戦災資料センター戦争災害研究室主催の国際シンポジウム「世界の被災都市は空襲をどう伝えてきたのか―ゲルニカ・重慶・東京の博物館における展示／記憶継承活動の現在」で東京空襲について報告したものを文章化した。二〇〇九年三月刊の報告書に収録。

8は仙台市歴史民俗資料館での講演「日本空襲をいま改めて考える―空襲の実相と空襲後の諸問題」を文章化したもの。二〇一五年三月に『足元からみる民俗（二三）―調査報告書第三三集』に掲載された。

◎目　次

※館名などは執筆時の名称

1

『戦争孤児たちの戦後史 3―東日本・満洲編』（二〇二一年三月　吉川弘文館）

東京大空襲の実相と戦争孤児問題

はじめに

本章では、東京空襲による民間人の被害とそれによって生じた戦争孤児問題を取り上げる。

東京空襲については、空襲を行ったアメリカ軍の爆撃記録により、爆撃のねらい・内容・規模について明らかにする。それとともに、空襲を受けた東京の都庁・警視庁・消防などの記録により、東京空襲による民間人の被害の実相を明らかにする。東京への本格的な空襲は一九四五年三月一〇日の下町への大空襲を境に区分される。初期空襲・下町大空襲・山の手大空襲などの後期空襲の三期に分けて、区部の被害の実相を具体的にみていく。補足的に三多摩地域・島嶼部の空襲もみる。ついで空襲後にとられた行政などによる措置について明らかにしたい。

東京空襲による被害により、親を失った戦争孤児が多く生まれた。祖父母・親戚などに引き取られ育てられた者や養子縁組により育てられた者もいたが、施設に収容された者もいた。ここでは東京都庁や東京都養育院などの記録により、施設に収容された戦争孤児についてその概要をみていく。具体的には、疎開しないで東京に残留していて孤児になった者・集団疎開中に親が東京空襲で亡くなり孤児になった者・戦後に引き取り手がなく駅や盛り場で暮らしていたところを行政によって狩り込まれ施設に収容された戦争孤児、以上の三者のそれぞれについて、東京都庁や東京都養育院などの記録により、その数・施設をはじめ行政などの対策を明らかにしたい。

1　東京大空襲とその被害

東京空襲のねらい・被害の規模・内容

戦場での戦闘を有利にするために行う空襲を戦術爆撃という。それに対して戦略爆撃は空襲のみで相手を降伏させるために行う爆撃である。戦略爆撃には二つの種類がある。第一は、目標を定めてそこをねらう精密爆撃により、爆撃目標である軍需工場を破壊し、戦争遂行能力をなくさせようとするものである。第二は、目標都市地域を無差別爆撃し、民間人の住宅を焼き払い、あわせて民間人を殺戮することにより、相手方の国民の戦意を喪失させようというものである。東京大空襲は第二の意味の戦意喪失の戦略爆撃の典型であり、最も悲惨な被害をもたらしたものであった。

東京大空襲は、本土だけでなく日本の植民地・占領地をも含む日本全体に対する連合国の空襲の一環である。中国などにある日本の占領地や、日本の植民地である台湾、そして沖縄はすでに空襲されていた。また、日本本土のうち、九州北部は一九四四年六月より、中国の基地から飛びたったアメリカ軍のB29爆撃機による空襲を受けていた。しかし、日本本土への本格的な空襲は、アメリカ軍がマリアナ諸島を占領し、アメリカ軍機の基地をつくってからである。一九四四年一一月から本土空襲のための偵察が始まり、一一月二四日の東京空襲から日本本土への本格的空襲が開始された。

アメリカ軍は春一番のような大風の吹く一九四五年三月に焼き払い空襲を開始することを目指して、日本向けの油脂焼夷弾を開発し、B29とともに大量生産をしていた。

東京空襲の一般民間人の被害全体についてみると、東京の区部が被害を受けた空襲は六〇回を超える。確認された死者の遺体数は約一〇万五四〇〇人である。負傷者は約一三万人で、罹災者は約二九〇万人、罹災住宅戸数は約七五万戸である。焼失面積は約一四三平方キロで、これは区部の市街地の約五〇％、区部面積の約二五％にあたる。三多摩や伊豆諸島・小笠原諸島を含む東京都全体では、空襲は一〇〇回を超えている。

初期空襲

アメリカ軍による日本本土への初空襲は一九四二年四月一八日に行われたが、それは空母から陸上爆撃機Ｂ25を発進させた奇襲攻撃で、東京には一三機が来襲した。東京では品川区の工場、荒川区尾久の住宅などが爆撃され、尾久では一家六人が焼死するという被害を受けている。それ以外にも葛飾区の水元国民学校高等科の生徒が銃撃により死亡し、牛込区の早稲田中学校の生徒は焼夷弾の直撃で死亡した。東京では計四一人が亡くなっている。

それ以降約二年半の間、東京の区部への空襲はなかったが、小笠原諸島には一九四四年六月一五日に空襲があり、民間人にも機銃掃射による被害が出ている。

Ｂ29爆撃機による東京への本格的な空襲は、一九四四年一一月二四日に始まった。一九四五年三月一〇日より前の空襲は、飛行機工場と産業都市を重点とする戦略爆撃であり、高高度から、多くは昼間に爆撃している。東京の場合、航空機工場の中島飛行機武蔵製作所を第一目標とする精密爆撃が行われたが、その爆撃ができないときには、第二目標とした東京の市街地を無差別に爆撃している。一一月二四日からすでに荏原区などの市街地が空襲された。一一月二七日には中島飛行機を爆撃しないで、渋谷区の原宿などを空襲している。一一月二九〜三〇日にかけては夜間市街地への集束油脂焼夷弾を使った空襲がすでになされている。一九四五年一月二七日には繁華街の銀座や有楽町が空襲され、五三〇人余が亡くなっている。二月一九日も中島飛行機は爆撃しないで、一一九機のＢ29が市街地を爆撃し、区部で三〇〇人以上が死亡している。二月二五日は、マリアナの基地を飛び立つ前に中島飛行機を爆撃できないことがわかり、第一目標を東京下町の市街地に切り替え、爆弾を焼夷弾に積み替えて一七二機のＢ29が空襲した。この日の空襲は、目標地域が三月一〇日の下町大空襲と同じ最も燃えやすい住宅密集地であり、後期に実施される区部の市街地に対する焼夷弾爆撃の実験的な空襲となり、一九五人が亡くなっている。三月四日も一五九機のＢ29が東京区部の市街地を広範囲に爆撃し、六五〇人余が死亡している。一九四四年一一月～四五年三月四日までの東京空襲により、区部で二〇〇〇人以上が亡くなっている。

一九四五年三月一〇日の下町大空襲

画期になったのは、一九四五年三月一〇日の下町大空襲である。すでにアメリカ軍は、都市のなかで住宅が密集し、人口密度が高い市街地を焼夷地区一号に指定していた。東京は当時の深川区の北部と本所区・浅草区・日本橋区の大部分などが焼夷地区一号であった。そこをまず焼夷弾で焼き払う絨毯爆撃が、この日から始まった。焼夷地区一号の目標地域には、軍施設や軍需工場などの明確な軍事目標はほとんどなく、アメリカ軍の目標となった大きな軍需工場は精工舎や大日本機械業平工場のみである。神田・江東などの市場、東京・上野・両国の駅、総武線隅田川鉄橋などが実際の目標であった。住民を殺戮し、それによって戦争継続の意思をそぐことが主な目的であった。また、市街地を焼き払うことで、そこにある小さな軍需工場を焼くこともあわせてねらっていた。

三月一〇日の下町大空襲は夜間に低高度から二七九機のＢ29爆撃機が一六六五トンにのぼる大量の焼夷弾を投下した空襲であった。目標地域に四ヵ所の爆撃照準点を設定し、そこにまず大型の五〇キロ焼夷弾を投下した。これにより大火災を起こし、日本側の消火活動をまひさせ、小型の油脂焼夷弾を投下する目印となる照明の役割も果たした。「目標地域の周囲にまず巨大な火の壁をつくって、逃げまどう人びとに焼夷弾を落とした」わけではない。

火災は北風や西風の強風もあって目標地域を越えて東や南に広がり、本所区・深川区・城東区の全域、浅草区・神田区・日本橋区の大部分、下谷区東部・荒川区南部・向島区南部・江戸川区の荒川放水路より西の部分など、下町の大部分を焼き尽くした。罹災家屋は約二七万戸、罹災者は約一〇〇万人であった。

木造家屋の密集地に大量の焼夷弾が投下され、おりからの強風で大火災となったこと、国民学校の鉄筋校舎・地下室・公園などの避難所も火災に襲われたこと、川が縦横にあって安全な避難場所に逃げられなかったこと、空襲警報が遅れ警報よりも先に空襲が始まり奇襲となったこと、踏みとどまって消火しろとの指導が徹底されて、火たたき・バケツリレーのような非科学的な消火手段がとられ、火災を消すことができないで逃げ遅れたことなどの要因が重なり、焼死・窒息死・水死・凍死など九万五〇〇〇人を超える人が亡くなった。

後期大空襲

四・五月の山の手大空襲は、爆撃の規模や焼失面積は三月一〇日の大空襲を上回るものであり、山の手の大空襲やその他の空襲を含めて後期の東京空襲により区部では約八〇〇〇人が亡くなった。規模の割に死者が少ないのは、逃げやすい地形であったこともあるが、三月一〇日の惨状をみて、人員疎開が進んだこと、消火をしないですぐ逃げるようになったことも影響している。

四月一三～一四日の城北大空襲について、アメリカ軍は王子区の陸軍兵器工場をねらったとしているが、実際はそれより南の豊島区・滝野川区・荒川区などの住宅地が焼かれた。三二八機のＢ29が二〇三八トンの焼夷弾と八二トンの爆弾を投下した。被害は、罹災家屋約一七万戸、罹災者約六四万人で、死者は約二〇〇〇人である。

四月一五日の大空襲では蒲田区などの東京南部から川崎にかけての工場地帯と住宅地が空襲された。東京には、一〇九機のＢ29が七五四トンの焼夷弾と一五トンの爆弾を投下した。蒲田区はほとんど全域が焼かれた。この日の東京の被害は、罹災家屋約五万戸、罹災者約二一万人で、死者は約九〇〇人である。

五月二四日の大空襲では、四月一五日の空襲地域の北側の荏原区・品川区・大森区・目黒区・渋谷区などの住宅地が空襲された。この日の空襲では、五二〇機のＢ29が三六四六トンの焼夷弾を投下しており、来襲したＢ29の機数・焼夷弾の投下量とも最大であった。被害は罹災家屋約六万戸、罹災者約二二万人で、死者は五〇〇人以上であった。

五月二五～二六日の大空襲では、二四日の空襲地域の北側の、政府機関、金融・商業の中枢機関が集中する都心地域と、都心から杉並区にかけての西部住宅地が空襲された。宮城（現皇居）内の宮殿も焼失した。この地域の空襲では、高層のコンクリートの建物もあるため、油脂焼夷弾だけではなく貫通力の強い焼夷弾も使われた。四六四機のＢ29が三二五八トンの焼夷弾と四トンの爆弾を投下した。被害は、罹災家屋約一六万戸、罹災者約五六万人で、死者は三三五〇人以上である。

四月一～二・四日、六月一〇日、八月八・一〇日など、四月から八月まで航空機工場などの軍需工場や飛行場に対する爆撃が続き、周辺の住宅地も被害を受けた。五月二九日には、昼間の横浜大空襲の余波で、東京の南部でも被害が出ている。原爆の模擬爆弾が、七月二〇日には東京駅八重洲口近くの堀に、七月二九日には多摩の保谷に、それぞれ投下され被害が出ている。また、人の殺傷をねらった機銃掃射もなされた。

三多摩地域・島嶼部の空襲

東京の三多摩地域への空襲の数は、およそ四〇回ほどである。武蔵野町の中島飛行機武蔵製作所や立川市などの航空機関係の工場や飛行場に対する爆撃が、一九四四年一一月～四五年八月まで続いた。八月二日に八王子市街地が焼き払われ、八月五日には中央線列車への機銃掃射により大きな被害を受けた。四〇回の空襲のうち三〇日間に、約一五〇〇人の民間人の死者が出ている。

伊豆諸島・小笠原諸島では三二回の空襲があり、民間人四八人が死亡している。

空襲後

三月一〇日以降の空襲では膨大な数の死者がでて、無数の死体の山ができた。「戦場掃除」と呼ばれる、戦場の前線での死体処理と同じような乱暴な扱いで遺体が片付けられた。通常の埋葬ができないので、公園や寺院の境内などに穴を掘って遺体を土葬する仮埋葬がなされた。その数は三～五月にかけての大空襲で、約九万四八〇〇人であり、そのうち約八〇〇〇人は名前がわかり個別に埋葬されたが、それ以外は合葬された。仮埋葬された遺体は三～五年後に掘り返されて、火葬された。遺骨は東京都慰霊堂に安置された。その後も、遺族などに引き取られる遺骨は少なく、今でも約八万人の遺骨が残されている。また、それとは別に焼け跡で現場火葬も行われた。

戦争中は、戦時災害保護法などにより、民間人の傷害者などの被災者と死者の遺族にも救助・給付などの援護措置がなされた。東京都独自の見舞金も支給された。しかし、戦後、軍人・軍属とともに民間人への特別の措置が廃止された。連合国諸国との講和後には、日本人の軍人・軍属への援護や恩給は復活したが、民間人や朝鮮人・台湾人への援護は復活されないままである。ただし、日本人の勤労動員学徒・女子挺身隊員・徴用工・被爆した国民義勇隊員・地上戦の戦闘参加者・防空監視員・警防団員などは準軍属に位置づけられ、最初は軍人・軍属と格差があったが、今は同じような援護を受けている。

2　戦争孤児

戦争中の戦争孤児

一九四五年三月一〇日の下町大空襲で東京は大きな被害を受けた。『社会事業』二九巻一号掲載の「終戦後の児童保護問題」などの記録によると、その翌日の三月一一日に被災地から現れた戦災迷子はきわめて多かったが、そのうち三一人が板橋にあった東京都養育院に収容保護されている。親と再会できないで戦争孤児となった者は、その後栃木県塩原にあった養育院塩原分院に疎開収容された。

一九四五年五月には、東京都疎開学童援護会は世田谷区瀬田町にある身延山関東別院を利用して援護学寮「二子玉川学寮」を開設、学童集団疎開中または東京に残っていて戦争遺児となった者を収容し、母親がわりの援護を行った。「二子玉川学寮」は後に谷保村へ移転し南養寺学寮になり、さらに沼津市へ移転、沼津市都立養護学園内片浜学寮になった。

『東京大空襲・戦災誌』五巻所収の一九四五年七月一九日現在の「戦災による孤児学童調査」では、孤児学童の総数は八七九人であった。区別では、深川・本所・浅草・城東の下町の各区が一〇〇人を超え、圧倒的に多かった。学年的には当初から集団疎開の対象であった四～六年生が多い。

恩賜財団戦災援護会はすでに空襲で施設が全焼していたが、一九四五年七月に杉並区西荻窪に「子どもの家」を設立し、学齢以下の乳幼児の戦争孤児を収容保護した。

学童集団疎開していた戦争孤児の戦後

戦後、集団疎開学童は疎開地から東京に復帰した。『東京都教育史稿　戦後学校教育編』などによると、一九四五年九月一六日に「東京都疎開学童復帰計画要項」が東京都から各区へ発せられた。そのなかに「戦災遺児其の他戦災に依り家庭に引取り難きものは別途学寮を設け之に収容す」とある。東京都教育局長は一九四五年一〇月二四日付「戦災孤児並に家庭引取困難なる学童等の学寮設置に関する件」を定め、「疎開先にある戦災孤児並に家庭引取困難なる学童に付ては本年九月十五日発国第一八五号文部次官依命通牒に基き左記に依り、之が学寮を設置し順次疎開先より帰還する学童を之に収容するものとす」とした。東京都の戦争孤児など、疎開学童で引き取り手のないものは一一六九人であったが、そのうち親類縁者など引き取り手のないものは三四五人であった。東京都は、三多摩地方に八ヵ所の「戦災孤児学寮」を開設し、合計三四五人を収容した。谷保村の南養寺寮・久留米村の大円寺寮・大和村の蓮華寺寮・七生村の金剛寺寮・七生村忠生地区の大泉寺寮・堺村の福生寺寮・東村山町の梅岸寺寮の七ヵ所は寺院の寮であり、あとの府中町の府中東光寮は学校付属施設であった。

一九四五年一一月末現在では、現地の疎開学寮に残留中が二三一人、多摩の「戦災孤児学寮」八ヵ所に一一四人であった。後にすべて多摩にある「戦災孤児学寮」に収容され、区ごとの内訳は本所区が六九人、深川区が一二〇人、城東区が六二人、浅草区が三九人、江戸川区が二人、小石川区が二人、その他の区が五一人であった。本所区は府中東光寮に、深川区は南養寺寮・大円寺寮・蓮華寺寮に、城東区と江戸川区は金剛寺寮に、浅草区と小石川区は福生寺寮に、その他の区は大円寺寮と梅岸寺寮に、それぞれ収容された。

その後、社会の安定とともに引き取られる者が相次ぎ、一九四六年度はじめには多摩五学寮と沼津市都立養護学園内の片浜学寮に一七八人が収容されていた。一九四七年末には九四人となり、内訳は小学生が四二人、新制中学生が四四人、旧制中学生が八人であった。一九四八年度には七生村忠生学寮・久留米村小山学寮・沼津市都立養護学園内の片浜学寮の三寮に統合され、八六人になった。

戦後に浮浪児となった戦争孤児

『東京都戦災誌』所収の東京都民生局「戦争終結による戦災援護事業計画」によると、「戦災により孤児となった者は下記の施設に収容保護す」としており、一九四五年一〇月九日現在で東京都養育院など七ヵ所の施設に分散して、孤児一〇四人を収容していた。そのうち養育院は六七人で、ほかに恩賜財団戦災援護会子どもの家学園・杉並学園・東星学園・救世軍機恵子寮・愛清館・財団法人興望館に委託して収容していた。

一九四六年九月の『東京都養育院に於ける戦災浮浪児保護経過』によると、「（終戦後本年三月頃迄の半ヶ年間）当時浮浪児童は大した数に上らず、月二、三回の狩込に毎回四、五十名を算する程度で、その大部分は養育院に収容したが、施設の不備や処遇の不慣れの為、その多くは彼等の何助なるやも判明せざる中に逃げ出し遂に浮浪児の収容効果は極めて薄いものとさるるに至った」「現在の施設（板橋本院焼跡の元育児室平屋建て建坪数一〇〇坪）が明（空）いたので同所を児童収容所にあて去る四月一日より事業を開始した」「その頃になると大人の浮浪者は漸次数を減じつつ、児童が非常な数に達し一日も放任し難い状態に立ち至った。蓋《けだ》し食糧難及闇市の隆盛に伴ひ無数の浮浪児童が蝟集《いしゅう》するに至ったからである」「月に三回位の浮浪者狩込を定期に行って同施設に収容したが、然し児童は依然として収容即日四方の窓より飛出し、何人職員が居ても到底これを阻止することが出来ず、説話も訓話も彼等の浮ずった心には一顧の反省も与へ得なかった。可成り厳重な軟禁生活の必要をかくして痛感するに至った」というのが、戦後直後の戦争孤児ら浮浪児に対する養育院対策の状況であった。

『戦争孤児と戦後児童保護の歴史』（藤井、二〇一六）などによると、狩込といわれた一斉収容は、一九四五年九月一一日が最初で、浮浪児五五人を狩り込んだ。ついで、一九四五年九月二五日に六五人の浮浪児を狩り込み、三報会など民間施設に浮浪児を収容したが、ただちに元の場所に戻った。

すでに養育院は一九四六年四月一日に幼少年保護寮を設置していたが、四月一五日には養育院幼少年保護寮は東京都中央児童相談所付設保護寮に指定された。東京都は一九四六年五～一一月にかけて、狩り込んだ浮浪児を一時保護収容する六ヵ所の一時保護所を設置した。上野が一九四六年五月一日に、浅草が一〇月一二日に、京橋と麴町が一〇月三〇日に、淀橋と荒川が一一月一〇日にそれぞれ設置された。

東京都は警視庁・区役所・民間社会事業団体の協力により街頭で浮浪児の保護収容を行い、保護所に一時収容し、中央児童相談所で性能鑑別上、正常児・虚弱児および精神薄弱児に分類し、それぞれ適当な施設へ分散収容していた。

『東京都政概要　昭和二一年版』によると、一九四六年七月現在の都内在住援護対象戦争孤児は一七九七人で四一ヵ所に収容中であった。そのうち都直営の戦争孤児収容所アヅサ園が二八人で、ほかは四〇ヵ所の養育院や民間施設などに委託収容していた。

『昭和二十三年版　民生局年報』所収の一九四六年一一月の東京都による浮浪者の一五地区一斉調査によると、一八歳以下は五〇一人で、うち上野が二九六人であった。一八歳以下の内訳は係類なしが七九人、父母のいる者は一三六人、祖父母のいる者は二二人であった。一九四六年末には無数の浮浪児がヤミ市に群がっていた。

『昭和二十一年版　民生局年報』によると、浮浪児収容は一九四六年度計が三三六九人で、終戦から四六年度までの合計は四八六三人であった。

一九四七年一月の各施設の戦争孤児らの収容状況は次の表のようであった。

収容された児童には学校教育を施し、慰安、娯楽、運動設備の利用などによって、荒んだ気持ちを回復するように努力し、その後、都民生局の努力と社会情勢の安定回復とともに、児童保護施設に一応安住するようになったと東京都は書いている。

『東京都養育院に於ける戦災浮浪児保護経過』などによると、一九四六年六月二二日から占領軍当局からの口頭指令により、浮浪児を強制収容するようになった。具体的には、一九四六年一一月二七日、幼少年保護寮に竹垣をつくり、さらに守衛が昼夜監視し、上野駅に養育院職員を派遣し浮浪児童を発見次第収容するようになった。この強制措置は逃亡を防ぐのに役立ち、収容者の状況もわかるようになり、収容児童のうち「戦災孤児」が五割であることもわかった。また、一九四六年七月現在の入院者五〇〇人中、通常の出院（親元引取・就職・養子）が三割、逃亡が三割、残りが四割であった。一九四六年八月一日にヤミ市が閉鎖され、児童が再び街頭にあふれるようになり、八月いっぱいまで徹底的な収容がなされた。

このころ「戦災孤児は既に終戦一年間に殆ど篤志の個人

や保護施設に収容せられ、僅かに収容施設の常習逃亡児並不良少年が残され、これは今や社会事業的援護より寧ろ司法警察的な防犯の対象であることが判明した」と東京都はみていた。一九四六年六月二二日から八月末までは、養育院入院者数九五九人に対して、出院が三八％、逃亡が三五％となっている。

『養育院月報』四四二号などによると、養育院はそれまで狩込の中心であったが、一九四七年四月以降、浮浪児の直接収容をしなくなり、以後は東京都の民生局が担当するようになった。一九四七年四月、東京都は東京都中央保護所を東京都中央児童相談所に指定し、養育院から民生局に移管した。そして養育院の幼少年保護寮は廃止された。その後まず萩山学園が、ついで一九四八年二月には、石神井・安房・八街・那須の学園施設が養育院から

表　都立民間委託児童保護施設別収容状況

（1947年1月）

施設名	所在地	収容数
都立養育院		559人
都立養育院石神井学園		390人
都立養育院八街学園		50人
生長の家社会事業団		12人
杉並学園		29人
双葉園		63人
愛清館		17人
砂町友愛館		8人
愛児の家		24人
東京育成園		54人
東京サレジオ学園		44人
福音寮		30人
愛聖園		27人
多摩大平園		4人
星美学園		105人
聖フランシスコ子供寮		44人
聖十字学園		14人
ノートルダム修道院		17人
仏教興道館	山形県米沢	18人
日本治世学園		15人
育英学院		3人
救国青年同志会	山形	16人
新世会		10人
福田会		59人
都立萩山学園		49人
都立アヅサ園		35人
東水園		15人
久留米勤労補導学園		19人
山本職業自修連盟		5人
慈生会	青森	20人
牡鹿半島	宮城県牡鹿郡	35人
東京聖労院		11人
深川寮		47人
武蔵野学院		76人
機恵子寮		43人
セントヨセフ　スイートホーム		17人
共生会		2人
合計		1986人

（出典）東京都民政局『昭和21年版　民生局年報』1947年

独立し、東京都民生局児童課が統括するようになった。それより先の一九四七年一一月に、宇佐見健民保養所と箱根健民保養所も児童学園となり、児童課所管となった。『東京都戦災誌』所収の一九四七年七・八月の東京大学などの学生調査では、三一三人の浮浪児中、両親のない者が一五一人、片親だけの者が一二二人で、戦災による者が八六人であった。

『東京都政概要　昭和二三年版』をみると、一九四七年八月一日現在、戦争孤児・浮浪児の一斉収容により、石神井学園ほか四〇ヵ所に約二〇〇〇人を収容・保護している。終戦以来の一斉収容により、延総数八二〇〇人を収容した。

『昭和二十三年版　民生局年報』によると、街頭浮浪児収容保護人員の一九四七年度総計は六二〇七人で、中央児童相談所が一一八七人、六ヵ所の一時保護所が四三九〇人、養育院が六三〇人であった。各地の一時保護所は麴町が八二九人、京橋が四九四人、上野が一四四二人、浅草が六八四人、淀橋が四八六人、荒川が四五五人であった。一九四八年三月末、施設収容児童は三七一二人で、年度内の増加が九二〇人、逃亡が二八二人、死亡が三人、退院が四五四人であった。収容児童のうち「戦災」によるものが九五八人であった。孤児は二一〇七人で、そのなかで「戦災孤児」は六六四人であった。主な施設別にみると、東京都養護施設では石神井学園三七〇人、八街学園一一六人、萩山学園八四人、アヅサ園五一人、中央相談所は九三人で、また一時保護所全体では一六九人、内訳が麴町三二人、京橋二四人、上野二九人、浅草一九人、淀橋一三人、荒川五二人であった。

『東京都政概要　昭和二三年版』には、一九四八年一〇月一日現在で、都内を浮浪している児童は概算一二〇〇人であり、終戦以来収容保護した児童は延人数約一万二〇〇〇人、実数は約四五〇〇人とある。

『昭和二十四年版　民生局年報』によると、一九四九年三月末、施設収容児童は四五二三人で、年度内の増加が八一一人であった。収容児童のうち「戦災」によるものが一〇一八人であった。孤児は二一一五人で、そのうち「戦災孤児」が六六七人であった。

『東京都政概要　昭和二四年版』には、一九四九年九月三〇日現在の狩込児童の施設収容児童数は八七施設五二三五人とあり、この年が最高であった。そのうち孤児が二〇七六人であった。原因別収容児童数は「戦災」によるものが八九四人で、そのうち「戦災孤児」が五五九人であり、四八年三月末、四九年三月末に比べて減少している。

おわりに

一九四五年三月一〇日の下町大空襲によって、一〇万人に近い人が死亡し、約一〇〇万人が罹災した。それ以前の初期空襲とそれ以後の山の手大空襲なども含めて、東京空襲全体により区部で約一〇万五四〇〇人の死者、約二九〇万人の罹災者を出すという、大きな被害を民間人は受けた。民間人の被害に対する手当や処置は、ひどいやり方であり、十分なものではなかった。民間人空襲被害者への補償・援護は依然としてなされていないままである。

東京空襲による戦争孤児については、本章では記録により戦後初期に収容された戦争孤児の数量的な実態を明らかにすることにとどまった。戦争孤児がどのような生活・成長を強いられたかについて、関係者の体験記や調査などにより明らかにすることは、施設に収容された者だけでなく、祖父母・親戚などに引き取られた者、養子になった者についても、本章では取り上げられなかった。ほかの章のそれぞれの論文を参照されたい。

参考文献

社会事業研究所『社会事業』二九巻一号、中央社会事業協会、一九四六年
東京大空襲・戦災誌編集委員会『東京大空襲・戦災誌　三』東京空襲を記録する会、一九七三年
東京大空襲・戦災誌編集委員会『東京大空襲・戦災誌　五』東京空襲を記録する会、一九七四年
東京大空襲・戦災資料センター『決定版　東京空襲写真集』勉誠出版、二〇一五年
東京都『東京都政概要　昭和二一年版』一九四七年
東京都『東京都政概要　昭和二二年版』一九四八年
東京都『東京都政概要　昭和二三年版』一九四九年
東京都『東京都政概要　昭和二四年版』一九五〇年
東京都『東京都戦災誌』一九五三年
東京都慰霊協会『戦災殃死者改葬事業始末記』一九八五年
東京都民生局『昭和二十一年版　民生局年報』一九四七年
東京都民生局『昭和二十三年版　民生局年報』一九四九年
東京都民生局『昭和二十四年版　民生局年報』一九五〇年

東京都養育院『東京都養育院に於ける戦災浮浪児保護経過』一九四六年
東京都養育院『養育院月報』四四二号、一九四八年
東京都養育院『養育院八十年史』一九五三年
東京都立教育研究所『東京都教育史稿　戦後学校教育編』一九七五年
藤井常文『戦争孤児と戦後児童保護の歴史』明石書店、二〇一六年

（掲載時所属：公益財団法人政治経済研究所主任研究員）

2

空襲被災者の戦後

『歴史評論　第八三〇号』（二〇一九年六月　歴史科学協議会）

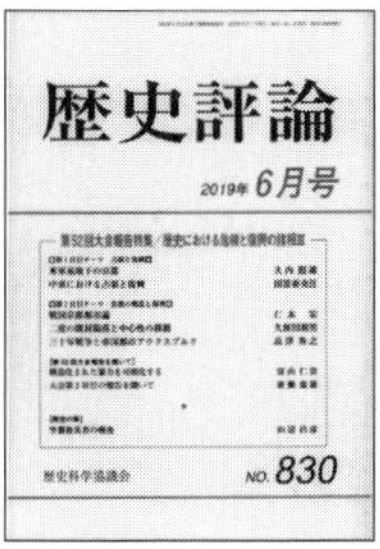

空襲被災者は、戦中にはまがりなりにも救助・扶助や給与金支給などの措置がとられていたが、戦後に軍人・軍属に対する国家補償が廃止されると同時に、これらの空襲被災者への特別の措置はなくなり、一般の社会福祉の対象とのみされた。

これに対して、国家補償を求める民間人のさまざまな運動が起きた。ここでは、その中の、勤労動員学徒などの遺族や傷害者による、軍人や軍属に準ずる国家補償を求める運動と、一般民間人の戦災傷害者と戦災死者の遺族の運動とに分けて見ていきたい。また、国家補償と関連する慰霊・追悼問題や社会教育運動にも触れていきたい。

1　勤労動員学徒らの国家補償要求運動

まず、勤労動員学徒の遺族や傷害者の、軍人や軍属に準ずる国家補償を求める運動とその成果を見ていきたい。ただし、資料の制約から、長崎・広島の運動(1)が中心になるという限界を持っている。

①援護法成立前の運動　勤労動員学徒が国家補償を勝ち取った要因として、戦傷病者戦没者遺族等援護法成立前の運動により、援護法の中に勤労動員学徒ら国家総動員法関係者の遺族に弔慰金を支給する規定を入れ込んだこ

とが、大きな意味を持った。ここでは、その過程を見ていきたい。

一九五〇年五月に、靖国神社で「全国戦争犠牲者援護会」が結成された。この会は旧陸海軍の要職にあった人たちの団体であったが、ここで広島県出身の参議院議員山下義信が、戦争犠牲者を軍人遺族に限定しないで、軍に協力した一般民間人、ことに動員学徒を無視してはならないことを強調した。これが参加者の同意を得て、動員学徒の国家処遇問題解決に努力することになった。

一九五一年一一月二二日の参議院予算委員会で、広島・長崎の原爆死傷遺族の援護につき、質疑があったが、それが動員学徒についての論議の始まりであった。山下義信は参議院厚生委員長であったが、戦傷病者戦没者遺族等援護法に動員学徒らを加えることに努力した。一九五二年三月一〇日に援護法案が衆議院に提出され、一部修正して可決され、参議院で再修正され、動員学徒が加えられることになり、四月二五日に援護法案は、参議院本会議で再修正どおりに可決成立した。動員学徒・女子挺身隊・国民義勇隊・被徴用者の業務上の戦時災害による死亡者の遺族に、弔慰金が支給されることになった。

②勤労動員学徒の運動組織の形成　熊本の宮原周治、山口の松本和子、広島の中前妙子、長崎の深堀勝一が一九五六年六月三〇日に動員学徒犠牲者の会の結成を呼びかけたのが、運動の始まりである。一九五六年中に、熊本と山口の会が結成された。一九五七年二月一七日には、「広島県動員学徒犠牲者の会」が結成された。結成趣意書には、「学徒女子挺身隊等……は正に軍人の戦線活動に匹敵する。……青春を犠牲にし、塗炭の苦境に呻吟する状態は、決して黙視することは出来ない」とうたわれた。決議では、国家補償として、動員学徒の死亡者には軍人と同様に遺族年金の支給、傷害者には障害年金、一時金の支給などが掲げられた。一〇月一六日には山下義信のあっせんで、東京の参議院会館で「動員学徒犠牲者援護全国協議会」が結成された。決議では、障害年金及び傷害一時金の支給、弔慰金の増額支給、遺族年金の支給などがうたわれた。決議文を携えて、内閣、各省庁、衆参両院、各政党に陳情した。一一月一〇日には、「長崎県動員学徒犠牲者の会」が結成された。結成趣意書には、「国家総動員法の発動を見、之に基いて学徒、女子挺身隊、徴用工の出動協力が必要となった。……戦時中、之らの

人々が、所謂、戦列に加わり職場、戦線で活動した事は、正に軍人の戦線活動に匹敵する。……青春を犠牲にして……塗炭の苦遇にしん吟する状態は、決して黙視することを許さない」とあった。長崎の会は事業目標に、死亡者には軍人と同様に遺族年金の支給、傷害者には障害年金、一時金の支給などを掲げた。

これらの運動があって、戦傷病者戦没者遺族等援護法が改正された。一九五七年六月一四日に臨時恩給等調査会が発足したが、山下義信は、動員学徒に万全の配慮を要請した。一九五八年一月九日の臨時恩給等調査会小委員会の答申案に、動員学徒等遺族に遺族年金に準じる取り扱いをすることが盛り込まれた。一月二五日に、山下義信と灘尾弘吉が、厚生大臣に動員学徒らへの遺族年金・障害年金の支給を要請した。一九五八年四月二五日に、参議院本会議で戦傷病者戦没者遺族等援護法の改正法案が可決した。これにより、動員学徒らの公務死亡者は準軍属と位置づけられて、給与金が支給されることになった。ただし、期間は五年間の期限付きであり、金額も軍属の一〇分の五であった。

③軍人、軍属との格差是正の運動　給与金が支給されるようになった以降も、国会請願などの、軍属との格差を解消する運動が粘り強く続けられ、次つぎと戦傷病者戦没者遺族等援護法を改正させ、軍属との格差をなくす成果を勝ち取っていった。

一九六三年一〇月一日には、戦時災害要件が撤廃され、無期限の年金となった。一九六六年一〇月一日には、給与金、弔慰金の支給額が軍属の七割となった。一九七〇年一〇月一日には、遺族給与金が軍属の八割となった。一九七一年一〇月一日には、給与金が軍属の九割となった。一九七二年一月一日には、給与金が軍属の一〇割となった。こうして、軍属との格差がなくなっていった。

④戦没学徒記念「若人の広場」の建設　「動員学徒犠牲者援護全国協議会」は、一九五九年四月に「財団法人動員学徒援護会」になった。動員学徒援護会は、戦没学徒記念「若人の広場」の建設にも取り組んだ。[2] 兵庫県南淡町（現南あわじ市）の熱心な誘致により、淡路島大見山山頂に建設することになり、一九六七年一〇月九日に完成し、竣工式と慰霊祭が開かれた。「若人の広場」は、ペン先をかたどった高さ二五メートルのモニュメント、「永遠の火」、戦没学徒の遺品を展示する資料館、宿泊施設、大

ホールなどを備えた、社会教育施設であった。一九六九年四月に「財団法人動員学徒援護会」から広場施設などの寄贈を受けて、「財団法人若人の広場」が発足した。しかし、不便なところに立地し、観光ルートからも外れる形になり、来館者が減り、維持が困難になっていった。そこへ一九九五年の阪神淡路大震災で建築物が大きな被害を受け、閉館状態になった。

戦没学徒の遺品は、二〇〇四年一二月一〇日に、立命館大学国際平和ミュージアムに寄贈された。立命館大学国際平和ミュージアムは戦没学徒の遺品を整理し、二〇〇五年一二月一日～一六日の会期で、特別展「ぼくたちわたしたちの生きた証―「若人の広場」旧蔵・戦没動員学徒遺品展」を開催し、戦没動員学徒の遺品と、「長崎県動員学徒犠牲者の会」から「若人の広場」に寄贈された浦上天主堂資料を展示した。展示品の写真と「若人の広場」からの受入目録、戦没動員学徒についての回想記などを収録した図録も、二〇一五年一二月一日に刊行した。図録では、戦没学徒遺品のうち、日記・日誌、ノート・メモ帳、作文、書簡・葉書、弔辞、追悼録などの文書資料については、全文の写真を掲載し、翻刻については、図録と『立命館平和研究―国際平和ミュージアム紀要』第七号（二〇〇六年三月二五日刊行）とにまたがって掲載した。戦没学徒遺品は広島原爆による死者のものが多いが、愛知県の豊川海軍工廠、三菱重工業名古屋発動機製作所、東京都の中島飛行機武蔵製作所、大阪府の椿本チエイン、江崎グリコ大阪工場、北海道の日本製鋼室蘭製作所など、工場で空襲などにより亡くなった人の遺品も多くある。動員学徒援護会に結集した遺族が、広島・長崎・大阪・愛知・東京などに広がっていたことを示すものと言えよう。二〇一三年から南あわじ市により、被害を受けたモニュメントや建物が修復・整備され、「若人の広場」は二〇一五年三月に再開園した。

⑤旧防空法関係者の運動　一九五八年に、動員学徒・女子挺身隊・徴用工らの被徴用者、戦闘参加者、国民義勇隊員、満州開拓青年義勇隊員、特別未帰還者が、同時に準軍属となった。その後、準軍属の範囲は拡大されていった。一九六一年には、内地等勤務の陸海軍部内の雇員、傭人等も準軍属となっている。一九六八年には、防空監視員が準軍属になった。取り残された警防団員らは、一九七三年七月五日に「東京都旧防空法関係戦災犠牲者

の会」を結成し、警防団員も準軍属に認めさせる運動を強めた。[3] この運動の結果、一九七四年には、警防団員らの防空従事者は準軍属となった。一九七六年四月二四日には、「東京都旧防空法関係戦災犠牲者遺族の会」が、「旧防空法関係戦没者追悼第一回慰霊法要」を東京築地本願寺で開催している。[4]

⑥援護法による受給状況　一九八〇年三月現在の戦傷病者戦没者遺族等援護法による遺族年金あるいは遺族給与金及び障害年金の受給者の状況は、軍人の遺族年金、遺族給与金が三万二三二一人、軍属の遺族年金、遺族給与金が五万七八七四人、準軍属の遺族年金、遺族給与金が三万九〇六八人、軍人障害年金が三八九九人、軍属障害年金が二六一五人、準軍属障害年金が二八〇三人である。準軍属の遺族給与金受給者内訳は、動員学徒・女子挺身隊・徴用工らの被徴用者が一万八三四四人、戦闘参加者が一万一一九七人、国民義勇隊員が一五七八人、開拓義勇隊員らが一三一五人、特別未帰還者が三八七〇人、準戦地被徴用軍属が一二三九人、防空監視隊が三三人、防空従事者が一四九二人である。準軍属の障害年金受給者内訳は、被徴用者が一五一七人、戦闘参加者が七四五人、国民義勇隊員が五八人、開拓義勇隊員らが四二人、特別未帰還者が四九人、準戦地被徴用軍属が二九一人、防空監視隊が一一人、防空従事者が九〇人である。[5]

民間人の準軍属の比率が意外に高いことが注目される。その中でも、動員学徒らの被徴用者と戦闘参加者が、特に多くなっている。

2　一般民間戦災者の運動

後半では、一般民間戦災者の傷害者や遺族の運動を取り上げたい。[6] まず、一九六〇年代～一九八〇年代を見て、次いで、一九九〇年代以降の運動を見ていく。

①戦災都市連盟の慰霊塔建設と、全国の戦災遺族会の設立と事業　「太平洋戦全国戦災都市空爆犠牲者慰霊協会」が一九五二年に結成され、一九五六年一〇月二六日には兵庫県姫路市の手柄山に、「太平洋戦全国戦災都市空爆死没者慰霊塔」を建立した。[7] 毎年一〇月二六日に慰霊祭を開催している。

すでに、近畿、中部、四国を中心に、いくつかの都市で戦災遺族会が設立されていたが、一九六六年には「全国戦災死没者遺族連合会」が結成された。戦災各都市における慰霊行事に対する国費の支出、慰霊金の支出などの補償要求や、犠牲者の慰霊などを行った。しかし、補償を勝ち取ることはできなかった。

「全国戦災犠牲者遺族連合会」を母体に、一九七五年には「全国戦災死没者遺族連絡協議会」が結成された。一般戦災死没者の慰霊行事を全国で実施した。「全国戦災死没者連絡協議会」は、一九七七年六月一四日に「社団法人日本戦災遺族会」になった[8]。日本戦災遺族会は、多数の非戦闘員の犠牲者、いわゆる一般戦災死没者の悲惨な体験を忠実に記録し、これを後世に伝え、二度と再びこのような惨禍を繰り返さないことを誓うとの設立趣意にそって、以下のような四事業に取り組んだ。

①戦災死没者及び遺族に関する調査研究
②戦災死没者の慰霊行事等の実施
③戦災死没者慰霊碑の維持管理
④戦災関係資料の収集及び刊行

調査研究活動としては、総理府・総務省から委託を受けて、戦災に関する資料を収集・整理し記録する調査をし、その成果として、『全国戦災史実調査報告書』を一九七七年度から二〇〇九年度まで毎年一冊ずつ、合計三三冊刊行した。また、空襲の惨禍を後世に伝える冊子『平和への想い』を二〇〇二年度～二〇一〇年度まで毎年一冊ずつ、合計九冊刊行し、『まんが子ども太平洋戦争シリーズ』を一九九六年度～二〇〇七年度まで毎年一冊ずつ、合計一二冊刊行し、『啓発ビデオシリーズ』を一九九二年度～二〇〇九年度まで毎年一本ずつ、合計一八本製作した。さらに、戦災に関する展示会「戦災と平和展」を、各地の戦災遺族会との共催で、一九九二年度から二〇〇九年度まで開催した。日本戦災遺族会はこのように、国費で空襲の惨禍を記録し、後世にありのままに生々しく伝える事業をした。また、各地の慰霊行事に補助金を支出した。しかし、遺族個人に対する国家補償要求運動には取り組まなかった。「社団法人日本戦災遺族会」は、二〇一〇年三月に解散した。

②東京の戦災遺族会　すでに触れたように、全国ではいくつかの都市に戦災遺族会が設立されていた。東京都では、一九六三年四月四日の清岡美知子の呼びかけから始まり、八月一八日に「東京都戦災殉難者遺族会」が結成された。国会請願運動などに取り組むとともに、姫路市

を拠点とする「全国戦災死没者遺族連合会」と連携し、同市で行われた慰霊祭にも参加している。

一九七二年七月一日に「東京都戦災死没者遺族会」が結成され、国家補償要求請願運動に取り組んだ。一九七三年には「東京都戦災犠牲者遺族会」になった。

すでに見たように、一九七七年に「社団法人日本戦災遺族会」が成立した。「東京都戦災犠牲者遺族会」は「東京都戦災遺族会」となり、日本戦災遺族会に加入した。日本戦災遺族会が国家補償要求運動に取り組まないことを理由に、一九八〇年一月に東京の遺族会の一部の人たちは、日本戦災遺族会を脱退した。

③第一次東京大空襲訴訟　森田禎一は一九七二年に「東京都戦災死没者遺族会」に参加し、国と国会の衆参両院に対する国家補償要求請願運動に参加してきた。その後、「東京都民間戦災犠牲者遺族会」の副会長となり、一九七七年ごろから訴訟を準備し、原告団の結成を呼びかけていた。しかし、賛同者が現れなかった。森田は一人で、代理人の弁護士も立てないで、第一次の東京大空襲訴訟を東京地方裁判所に、一九七九年に提起した。森田は一九四五年三月一〇日の東京大空襲で妻と三男をなくしたが、これは軍閥政府の不当な侵略戦争によって直接殺されたも同然であり、国はその損害賠償の義務を負うこと、軍人等には補償しながら、民間人戦争犠牲者には何ら補償の措置を講じていないことは憲法に違反することなどを主張し、国に賠償責任を求めて、三三〇〇万円の慰謝料の請求と、謝罪文の公表を求める訴訟を起こした。一九八〇年一月二八日に東京地方裁判所は、「戦争災害は、戦争の非常事態におけるいわゆる公法的受忍義務の範囲内のことであるから、それによって国の損害賠償責任は生じない」という受忍論を採用して国の賠償責任を否定し、原告の請求を棄却した。これまで受忍論は、国民の私的財産の没収について適用されたものであったが、これは、国民の身体・生命の損害に対してはじめて適用したものであった。森田は東京高等裁判所に控訴したが、一九八〇年五月一九日の控訴審判決でも敗訴した。森田は一九八二年に亡くなった。

④戦災傷害者の運動　名古屋市で杉山千佐子が中心になって、一九七二年二月に「全国戦災傷害者連絡会」が結成された。最初は「名古屋空襲を記録する会」の下に結成されたが、一九七三年九月に独立した。会組織は愛

知県が中心であったが、浜松市、東京都、神奈川県、大阪府などにも戦災傷害者の会が作られた。「戦時災害援護法」を求めて、国や地方自治体に対する請願や陳情をした。それとともに、地方自治体に、戦災傷害者の会への補助金の交付や、戦災傷害者に対する見舞金や福祉手当などの支給を要望し、実現させた。さらに、戦災傷害者の実態調査を国に要望するとともに、一九七三年と一九八〇年に、会独自で戦災傷害者の実態調査を行った。機関誌『傷痕』を発行し、映画『傷痕』も製作し、戦災傷害者の状況を伝える活動もした。

「全国戦災傷害者連絡会」が中心になって働きかけ、一九七三年六月に、野党の社会党議員から「戦時災害援護法案」が国会に提出された。空襲による民間人被害者に、旧軍人や軍属と同等の援護を与える内容のものであった。しかし、政府与党の反対により成立しなかった。その後、一九八九年まで毎年一四回にわたって、野党議員から「戦時災害援護法案」が国会に提出されたが、いずれも成立しなかった。会は、二〇一六年九月の会長の杉山千佐子の死去により、同年一〇月に解散した。杉山千佐子が残した運動資料は、公益財団法人政治経済研究所付属東京大空襲・戦災資料センターに寄贈され、整理されて、目録が作成されている。

「全国戦災傷害者連絡会」とは別に、名古屋市の戦災傷害者が、民間戦災傷害者に対する不当な差別を是正し、戦傷病者戦没者遺族等援護法による旧軍人軍属の補償給付額と、原告の身体障害者福祉法による給付額との差額の賠償と謝罪を国に請求する裁判を起こした。[9]名古屋戦災傷害者の裁判資料は立命館大学国際平和ミュージアムに寄贈され、資料は整理され、目録が作成されている。

裁判は、一九七六年八月一四日に名古屋地裁に提訴され、一九八七年六月二六日の最高裁の上告棄却の判決で終わった。

一九八〇年八月二九日の名古屋地方裁判所判決は、以下の理由で訴えを退けた。

①援護法が、旧軍人軍属と民間被災者との間に援護上の差異を設けたことは、「社会保障及び国家補償の見地だけからすれば、旧軍人軍属と民間被災者との間に、顕著な援護上の差異を設けることは、合理性を欠く」が、援護法が、文官に対する軍人軍属の恩給法上の取り扱いの差別を解消するために制定されたという趣旨

や、公務災害等の国の使用者責任を考慮すると、民間被災者の除外は不合理とも言えない。

②ただし、戦後三〇年以上を経た今日（判決当時）においても、十分な補償を受け得ず、戦争による傷跡に苦しむ民間被災者に対し、国が国家補償の精神に基づき、できるだけ広範にわたって援護の措置を講じることを望む。

③ただし、どのような補償措置を取るかは、国の立法府たる国会の裁量の範囲に属し、援護法の制定が裁量の範囲を逸脱し、または不合理な差別立法であると認められないので、援護法は憲法第一四条第一項違反とはならない。

一九八三年七月七日の名古屋高等裁判所の控訴審判決では、控訴を棄却された。ここでは、援護法による給付対象が旧軍人軍属に限られる、とする第一審の判断を是認し、国家補償の精神に基づく戦争被災者の損害補償や救済のための立法措置の選択は、立法府の裁量に委ねられ、裁判所の審理判断に適さない事柄であるとして、訴えを退けた。

一九八七年六月二六日の最高裁判所の上告審判決では、上告棄却とされた。ここでは、棄却の理由は以下の通りであるが、戦争の場合は国民は等しく「受忍」しなければならないという、「受忍論」を取り入れた。

①戦争犠牲ないし戦争災害は、国の存亡にかかわる非常事態の下では、国民が等しく受忍しなければならなかったことで、これに対する補償は憲法が全く予測していないところであった。

②戦争犠牲ないし戦争損害については、単に政策的見地からの配慮が考えられるにすぎない。すなわち、これに対する補償のために立法措置を行うか否かの判断は、国会の裁量的権限に委ねられるものである。

③一般の戦争被害者に援護法と同等の給付を行う立法を行わないことについては、立法について固有の権限を有する国会ないし国会議員の立法不作為に対する国家賠償法上の違法性、内閣の法案不提出についての違法性は、ともに認められない。

これにより、受忍論が最高裁の判例として確定したため、その後の運動が非常に困難になった。以後、困難な時期の一般戦災者の運動を見ていきたい。

⑤第二次東京大空襲訴訟と大阪空襲訴訟　一九九七年に

「東京空襲犠牲者氏名記録を求める会」が結成され、せめて空襲死者の名前だけでも記録させる運動が起きた。この会を母体に、二〇〇一年三月一〇日に「東京空襲犠牲者遺族会」が結成された。会は二〇〇二年に訴訟対策の取組を開始し、二〇〇五年八月に集団提訴をすることを決め、原告希望者をつのり、二〇〇六年には「東京大空襲訴訟原告団」を結成して、二〇〇七年三月九日に提訴した。これも、二〇〇九年一二月一四日の東京地裁判決で請求棄却、二〇一二年四月二五日の東京高裁判決で控訴棄却、二〇一三年五月八日の最高裁で上告不受理・棄却決定と、いずれも負けた。[10]

東京に続いて、大阪空襲訴訟が起こされた。二〇〇八年一二月八日に大阪地裁に提訴され、二〇一一年一二月七日の大阪地裁判決で請求棄却、二〇一三年一月一六日の大阪高裁判決で控訴棄却、二〇一四年九月一一日の最高裁の上告棄却、上告不受理の決定と、同じくすべて負けた。[11]

⑥全国空襲被害者連絡協議会と議員連盟による立法運動

訴訟による司法救済が困難になる中、東京と大阪の空襲訴訟原告団と「東京空襲犠牲者遺族会」が中心となって、「全国戦災傷害者連絡会」も参加して、二〇一〇年八月一四日に「全国空襲被害者連絡協議会」が結成され、民間人空襲被害者を救済・補償する「空襲被害者等援護法」を制定させる立法運動が、あらためて開始された。[12] 請願署名運動、政党・国会議員への働きかけ、地方議会への援護法制定促進決議・意見書の採択要請運動などを行っている。「全国空襲被害者連絡協議会」の働きかけにより、二〇一一年六月一五日に「空襲被害者等援護法（仮称）を実現する議員連盟」が結成された。二〇一二年六月一三日に「空襲等による被害者等に対する援護に関する法律案（仮称）要綱素案」が決定され、発表された。これには、障害給付金の支給、医療費等の支給、遺族への弔慰金の支給、孤児への特別給付金の支給が盛り込まれていた。

しかし、二〇一二年一二月の総選挙で議員連盟会長・事務局長を含む多数の議員が落選し、困難な事態になった。その後、二〇一五年八月六日、政府与党の議員を中心とする、「空襲等被害者の補償問題について、立法措置による解決を考える議員連盟」が再発足した。

二〇一五年一二月八日の「全国空襲被害者連絡協議

会」の院内集会で、第二次東京大空襲訴訟の弁護団有志による「空襲等被害者にかかる問題に関する特別措置法案」の骨子案が公表された。これは、障害給付金の支給に絞る法律案であった。二〇一六年三月一五日の議連の総会で骨子案のヒアリングがなされ、以後、議員連盟案作成が進められた。しかし、六月二一日に会長の鳩山邦夫が死亡した。その後を継いで、一二月に河村建夫が会長になった。そして、議員連盟は二〇一七年四月二七日に、空襲等民間戦災障害者に特別給付金五〇万円を一時金として支給することに絞る「空襲等民間戦災障害者に対する特別給付金の支給等に関する法律（仮称）骨子素案」をまとめた。しかし、いまだに国会上程には至っていない。

二〇一八年一一月三日の「全国空襲被害者連絡協議会」の総会で、大阪空襲訴訟原告の中心だった安野輝子が運営委員長を降りた。その安野を中心とする「大阪空襲訴訟を伝える会」は、障害者だけではなく、遺族を含むすべての空襲被害者の補償を求める運動を、あらためて提起している[13]。

（1）広島県動員学徒等犠牲者の会『戦後三十年の歩み』と長崎県動員学徒犠牲者の会『（動員学徒記録史）生き残りたる吾等集ひて』。

（2）立命館大学国際平和ミュージアム『ぼくたちわたしたちの生きた証―「若人の広場」旧蔵・戦没動員学徒遺品展　図録』と同『二〇一八年秋季特別展　8月6日　図録』。

（3）東京都旧防空法関係戦災犠牲者の会『都旧防空法犠牲者の会だより』創刊号と、「東京都旧防空法関係戦災犠牲者の会　趣意書」。

（4）東京都旧防空法関係戦災犠牲者遺族の会『旧防空法関係戦没者追悼　第一回慰霊法要参加者名簿』。

（5）「第九一回国会衆議院　社会労働委員会会議録　第四号」。

（6）空襲被災者運動研究会『空襲被災者と戦後日本　展示図録』など。

（7）財団法人太平洋戦全国戦災都市空爆犠牲者慰霊協会『平和の祈り―一般戦災慰霊の記録』。

（8）社団法人日本戦災遺族会『平和への想い　2010』と前掲『平和の祈り―一般戦災慰霊の記録』。

（9）詳しくは、赤沢史朗「名古屋空襲訴訟―裁判運動の視点から」『空襲被災者運動関連資料目録四』所収などを参照のこと。

（10）東京大空襲訴訟原告団『東京大空襲訴訟原告団報告集』。

(11) 矢野宏・大前治『大阪空襲訴訟は何を残したのか』。
(12) 全国空襲被害者連絡協議会の「二〇一八年一二月五日のつどい」の資料など。
(13) 「大阪空襲訴訟を伝える会」の宣伝チラシ。

(付記) 本稿は、公益財団法人政治経済研究所の空襲被災者運動研究会による、日本学術振興会科学研究費助成事業・基盤研究C「戦後都市社会における空襲被災者運動の歴史学的研究」(二〇一五~二〇一七年度、研究代表者大岡聡、課題番号八〇三六六五二五)の研究助成を受けた共同研究の成果によって執筆したものである。

3

東京大空襲をめぐる研究と運動について

『歴史評論　第七九四号』（二〇一六年六月　歴史科学協議会）

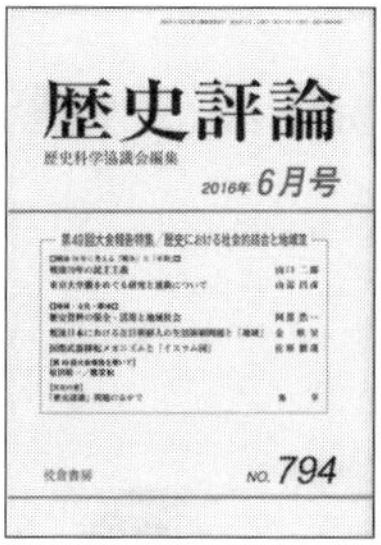

はじめに

日本が戦争によって国際的な問題、懸案を解決することを可能にする危険性が現実的になってきている。集団的自衛権、戦争法案への反対運動や立憲主義擁護運動など、この危惧への運動が高まっている。しかし、対決点の位置の変動している中で、歴史研究としては、戦争批判、軍隊批判が重要となっている。

戦争による問題の中には、思想統制、動員、食糧難・代用品など生活の困窮、健康破壊などもあるが、とりわけ、空襲による民間人被害が重要である。戦争被害では、日本の被害のみでなく、日本がアジア諸国の人たちに与えた被害を考慮に入れなければならない。この点では、これまで研究のみでなく博物館展示でも、戦争の被害と加害をともに明らかにし、伝えることとして努力されてきた。空襲についても、日本本土だけでなく、日本軍の戦場や占領地全体への空襲を明らかにすることが課題である。日本が行った空襲と、日本に占領され、植民地にされることによって受けた空襲の両方を明らかにすることが必要である。今は取り上げることが困難になっているが、日本軍の重慶爆撃などは研究や博物館展示でも取り上げられてきた。しかし、日本占領下、植民地への連合国軍の空襲については、研究でもほとんど取り上げられていない。台湾は比較的研究があるが、他では空襲の記憶でさえも伝えられていないようである。

運動の時期区分は、前史としてすでに空襲被災者の補償運動が始まっていたが、一九七〇・八〇年代に、空襲記録運動が成立し、補償運動が発展していった。日本の加害に対する補償運動と侵略戦争への認識が高まる一九九〇年代に、空襲記録運動、補償運動は停滞していったのである。

この報告は、共同研究者らの研究成果に依拠しているが、責任は私にある。

1　空襲の記録運動、日本での空襲の研究史

1　戦後直後の調査

経済安定本部「太平洋戦争による我国の被害総合報告書」が、空襲による民間被害の概要を公表している。当時非公開であったが、アメリカ戦略爆撃調査団の被害状況の調査も行われている。東京については、一九四七年七月に「東京都戦争被害」がまとめられている。

ついで、戦災復興誌が刊行された。全国の被災都市については建設省がまとめている。地方自治体でも刊行され、東京では一九五三年に東京都が『東京都戦災誌』を刊行し、日ごとの被害記録、空襲被害対策、復旧事業などを掲載している。しかし、元資料が不明であるという問題がある。

2　東京での空襲を記録する運動

一九七〇年代から、市民運動として空襲を記録する運動が始まった。地方自治体の助成を受けた場合も多い。これはベトナム戦争での北爆などへの批判と連動したものであった。侵略戦争に抗するものであっても、非人道的な戦争は批判すべきであるとして、アメリカ軍の東京空襲などを見直していった。

東京空襲を記録する会が一九七〇年八月に結成され、一九七三・一九七四年に『東京大空襲・戦災誌』全五巻が刊行された。単に被災の数量的な記録だけでなく、体

験者の手記などで、東京空襲の被害をなまなましく伝えた。会は遺族や傷害者の補償を求める運動とは一線を画し、東京都から助成を受けた。これは被災者運動側から批判されており、個人補償の代わりに記録集を刊行するという面を持っていた。東京では平和博物館はできなかったが、平和博物館建設と同じ意味を持っていた。また、会は歴史研究者と連携はあったが、ジャーナリストの松浦総三や作家の早乙女勝元らが中心であり、読み物、物語が重視され、厳密性を欠いていた。空襲研究は大学のアカデミズムの中ではなく市民運動の中で、実証的研究の弱さを持ちつつ進められた。この初期に、早乙女勝元『東京大空襲』(岩波新書、一九七一年)が刊行された。広く読まれ、東京大空襲の実相を体験者の取材を生かして伝えるものであった。しかし、当時のアメリカ軍の資料公開の制約で不正確な点もあったが、それがいまだに克服されないで、再生産されている状況である。

空襲記録運動の原点は、市民の被害の実相を明らかにすることにあった。その後、アメリカ軍の資料を使った研究は進展したが、いまなお、空襲被害の実証的な研究、特に日本側の記録の発掘と見直しの必要性が強調されねばならない状況にある。

2 空襲被害者の補償を求める運動

1 空襲遺族会

東京の戦災遺族会は、清岡美知子による遺族会結成呼びかけの投稿を契機に一九六三年に結成された、東京都戦災殉難者遺族会が最初である。姫路市中心の全国遺族会とも連絡しており、国会への請願運動に取り組んだ。一九七二年には東京都戦災死没者遺族会が結成され、「戦時災害援護法案」の運動に取り組み、全国組織結成に向けての努力もしている。

全国の戦災遺族会は、一九六六年に全国戦災死没者遺族会連絡協議会ができている。一九七五年四月には全国戦災犠牲者遺族連絡協議会が結成され、「戦時災害援護法案」の運動に取り組んだ。しかし、一九七七年六月に社団法人日本戦災遺族会となり、国の補助金を受けて、調査報告書、映像、漫画などを発行していった。一九八〇年一月、東京の金田茉莉らは「戦時災害援護法案」の実現を目指して、社団法人日本戦災遺族会から脱退した。

（2）戦災傷害者の会

全国戦災傷害者連絡会は、名古屋の杉山千佐子が中心となって、一九七二年に立ち上げ、一九七三年に発会している。先の大戦で空襲その他の戦争災害によって身体に被害を受けた者及び死亡した者の遺族に、軍人・軍属と同様に国家補償の精神に基づく援護を行う「戦時災害援護法」制定運動に取り組み、一九七三〜一九八九年まで国会に一四回提出したが、成立させられなかった。

東京都戦災傷害者の会は全国組織の支部として、一九七四年六月一六日に発足した。

3　訴訟

東京と名古屋で訴訟が提起された。

東京大空襲訴訟は、一九七九年に東京都民間戦災犠牲者遺族会副会長の森田禎一が一人で提起した。侵略戦争の開始、遂行による妻と子の死亡の損害賠償、戦争災害の補償と謝罪を求める裁判であったが、一九八〇年一月二八日の東京地方裁判所判決で請求棄却となり、一九八〇年五月一九日の東京高等裁判所判決で控訴が棄却された。

名古屋空襲訴訟は、「戦時災害援護法」制定運動のメンバーである、名古屋空襲の戦傷病者二人が起こしたもので、援護法による旧軍人軍属の補償給付額と原告の身体障害者福祉法による給付額との差額の賠償と、謝罪を求めたものであった。一九八〇年八月二九日の名古屋地方裁判所判決で請求棄却、一九八三年七月七日の名古屋高等裁判所の控訴審判決で控訴棄却、一九八七年六月二六日の最高裁判所で上告棄却となった。最高裁判決で、戦争災害は国民が等しく受忍しなければならないとする受忍論によって負けたことで、以後、補償要求運動は困難になった。二〇〇〇年代に第二次訴訟が東京と大阪で提起されたが、何れも敗訴した。立法運動も二〇一〇年結成の全国空襲被害者連絡協議会で取り組まれているが、法案もまだ確定しない状況である。

4　準軍属での対応と地方自治体の独自措置

補償は、一般戦災者全体に及ぼさないようにして、準軍属や原爆被爆者が個別に認められ措置されていった。

一般戦災者は困難な立場に置かれたままであった。

勤労動員学徒は、一九五三年に動員学徒らの援護機関が発足し、一九五九年に財団法人動員学徒援護会に組織変更され、補償を求める強力な運動が取り組まれた。

東京都旧防空法関係犠牲者の会(仮称)は一九七三年七月五日に発足し、旧防空法関係犠牲者のうち、防空監視員のみ準軍属として援護法の対象になり、警防団員、医療従事者は放置されたことに対して補償を求めた。

一部の民間人被災者への援護には、一九五八年には被徴用者、動員学徒、国民義勇隊員、戦闘参加者が準軍属となり、一九六九年には防空監視隊員が準軍属になり、一九七四年には警防団員、医療従事者らが準軍属になっている。当初は軍属との格差があったが、その後、軍属と準軍属との差はほとんどなくなっている[1]。

被爆者の特別葬祭給付金制度が、一九九四年七月施行の「原子爆弾被爆者に対する援護に関する法律」(被爆者援護法)で創設された。被爆者のうち、広島、長崎で被爆し、かつ葬祭料制度の対象となる前に死亡した遺族に対して、特別葬祭給付金が給付された。これは即死者にも及ぶわけであり、そうすると、原爆の放射能に起因する

表1　地方自治体独自の民間戦災傷害者への見舞金の例

都市名	条例・要綱など	内容
岡崎市	1979年4月1日「岡崎市民間戦災傷害者援護見舞金支給要領」施行	年1万円 1979年14人　2008年9人
津島市	1979年3月「津島市民間戦傷病者の援護に関する条例」制定	月3000円　当初7人 2006年3月31日廃止
稲沢市	1980年4月1日「稲沢市一般戦災傷害者福祉手当支給条例」制定	月3000円 1980年度9人　2015年度5人
清洲町(清須市)	1966年〜1991年　社会福祉協議会戦傷援護手当	不明
浜松市	1980年4月1日「浜松市民間戦災傷害者援護見舞金支給要綱」施行	当初年1万円　1995年度2万5000円 1980年度103人　2007年度36人
岐阜市	1983年度から岐阜市民間戦災傷害者見舞金	2002年度決算16万円
名古屋市	2010年度から民間戦災傷害者援護見舞金事業	年2万6000円 2010年度95人　2013年度90人

健康被害ということで一般戦災者と区別していることとの関係が問題となる。

全国戦災傷害者連絡会と地域組織の運動の成果として、【表1】のように地方自治体独自の施策で、民間戦災傷害者への見舞金などが支給されている。(2) 東京、横浜にはこの制度はない。

3 東京大空襲・戦災資料センターの空襲研究

1 東京大空襲・戦災資料センターの研究活動

東京大空襲・戦災資料センターは、東京都平和祈念館建設計画中止後、民間募金で財団法人政治経済研究所の付属機関として二〇〇二年に設立された。二〇〇六年に戦争災害研究室を設置し、地域に根ざして資料を収集し保存するという、民間研究機関の付属博物館としての役割を、市民運動と大学に支えられて、空襲研究をしている歴史研究者を結集し、若手研究者を養成する形で果たすようになった。二〇〇七年から現在まで、五つの科学研究費助成などを受けて、空襲被害写真や文献史料などで東京空襲被害の実相を明らかにすることや、平和のための博物館の取り組みなどについて研究してきた。東京空襲の被害を伝える資料を収集・整理・研究し、成果を報告書・図書・展示などで公開している。

2 東京空襲の実相

空襲の仕方について、それまでの間違いを一九九〇年に早乙女勝元・奥住喜重著『東京を爆撃せよ』で訂正したが、広まっていない。いまだに間違いを信じている人が多く、体験者の証言の中にも間違いがたくさん出てくる。アメリカ軍の資料にない、間違った空襲の仕方で酷さを強調しても、国際的にも通用しない。その代表例は「目標地域の周囲にまず巨大な火の壁を作り、避難路を断った上で、中心部を焼いた」といわれるものである。しかし、実際はそうではなく、まず目標地域の中心に大きな焼夷弾M四七を落とし、大火災を起こし、それを照明として目標地区全体に小型焼夷弾を短時間に大量に投下したのである。これは以下の日本の消防記録でも明らかである。

二、敵の来襲並被害状況　(3)敵の採りたる攻撃戦法の特徴

（イ）……先入機より概ね五十機を数ふる迄は大型油脂焼夷弾（五〇瓩乃至一〇〇瓩と推定）を投下、後続機に依る画域焼夷戦法を採りたるもの、如く、尚爆弾を混用投下と初期防火活動の阻害を企図しつゝ、後続侵入機は逐次目標火災を中心に小型焼夷弾を反覆集中投下し、徹底的画域焼夷を図りたり[3]。

四、荏原地区並に目黒品川地区の延焼拡大検討

(5)被弾密度濃厚且投弾方法巧妙なりしこと。

落下密度が初期防火消防力を凌駕し居りたること。

特に今回は大型弾を多数使用、最初大型弾を投下し初期防火を困難ならしめ、連続小型弾を使用し、其の戦法愈々巧妙大胆を極めたり[4]。

カーチス・ルメイは、東京大空襲などを実行した第二一爆撃集団の司令官であったが、荒井信一『空爆の歴史』（岩波新書、二〇〇八年）にあるように、地域焼き払い空襲の実施や目標地域の設定は陸軍航空軍の全体の決定であり、低空からの夜間空襲で大量の焼夷弾を投下することが、ルメイの計画であった。ルメイの役割を強調しすぎることによって、アメリカ軍全体の責任を曖昧にしてはならない。

被害の規模は、東京都区部の空襲は六〇回以上であり、伊豆諸島のみの空襲も入れて約一〇〇回である。「東京は一〇〇回も火の海になった」は誇張であり、誤りである。

東京都区部の焼失面積は約一四〇平方キロメートルで、区部の市街地の約五〇パーセント、区部面積の約二五パーセントである。「帝都の約四割を灰燼に帰し[5]」との記録を根拠に「三月一〇日で四割を焼いた」とよくいわれるが、誤りである。

3　防空政策と市民の対応

青木哲夫「日本の防空壕政策」による防空壕政策の変化は、次のようである[6]。

初期の一九三八年は、一定程度の頑丈なものを奨励していた。

中期は、待避所として簡易なものでよいとしていた。これは、待避が退去・避難へ連動することを避け、空襲恐怖感の増大を恐れたためであり、老人・幼児・病人・

妊婦以外の者は空襲では避難ではなく、待避をして防空防火活動に従事するものとされた。

末期の一九四三年後半から、横穴式防空壕を掘ることと、自宅の防空壕を強化することを奨めている[7]。横穴式防空壕で助かった例は多いが、爆弾の直撃に耐える程頑丈なものは少なく、直撃で多数の死者を出した例もある。東京下町には横穴式はできなかった。危険な待避壕が死者を多くした。地下室で助かった例もあるが、避難した多くの人が亡くなった。東京の地下鉄は空襲で爆弾が貫通しており、大阪のように頑丈なものではなかった。

退去は認めないが、疎開を勧奨しており、結果として被害を減少させた。家族を分割する疎開が進まなかったことは事実であるが、一九四五年三月一〇日の下町大空襲後、疎開の強化は次のように新聞でも公然といわれた。

疎開の問題にしても今なほ勧奨を脱し切れぬはどうしたことか、本土即戦場だ、今こそ強権もつて断行すべきである。帝都の場合この際被害者を含め老幼婦女子の疎開を計画的且つ大がゝりに実施すべき[8]、

実際、三月一〇日以降、罹災者の疎開、帰農とともに、防空に役立たない者の人員疎開が本格的に大規模に進められた。さらに学徒動員対象者も疎開している。それは軍需工場も焼かれたので、地方で働かせる政策によるものである。

東京区部の人口は、一九四四年二月の六五六万人が、一九四五年二月には四九九万人、六月には二五四万人と減少しており[9]、約三九二万人が東京都区部を離れ、地方に移動した。罹災者を除く疎開者は二三〇万人といわれている。

一九四五年六月一〇日の時点で、国内の死者数は発表されていないが、大都市空襲の被害が罹災者四八九万人、罹災住宅戸約一二〇万戸であったことが新聞などで公表されている。

空襲時での東京の市民の対応は、はじめの頃は逃げないで初期消火に当たっていた。しかし、空襲での被害を見て、市民は逃げるようになっていった。とりわけ三月一〇日後の大空襲では多くなっている。警察・消防は逃げないで初期消火せよと指導したが、効果は一時的で、結局は逃げている。その様子は以下の史料の通りである。

「警視庁消防部消教務第一二七六号」一九四四年一一月二九〜三〇日について[10]。

一、一般概況　(7)結果よりしての批判
初期消防々火は概して失敗、
三、各種消防機関の活動状況　(1)隣組防空群
初動態勢失敗し初期防火活動に見る可きものなし。
四、火災拡大の原因
(2)北九州空襲戦訓に因由せる待避の徹底行き過ぎと待避信号の乱打に伴ふ防護活動力の減殺と初期防火の失敗
(3)波状焼夷弾攻撃に対する初期防火訓練の予定と人員疎開の進捗等に伴ふ初期防火力の弱体化
イ、待避訓練の徹底は初期防火訓練著しく減殺され敢闘精神衰退す。
五、本火災に依り直に採りたる対策
一、隣組防空群特設防護団自衛消防に対して採りたる諸点
(1)現地指導機関を通じ如何なる波状無差別攻撃に対しても強靱なる敢闘精神の振起に努めしめたり。
神田及日本橋方面空襲火災拡大の原因
一、隣組特設防護団及警防団の初期消火の失敗及不成功

5．波状攻撃に対する初期防火の困難
初期防火に敢闘中敵機の反覆来襲したるを以て一般都民は其の都度待避信号（指導者の号令等）に依り待避壕に駈込み待避解除を俟って壕より出でて再び防火に当ると言ふ状況にして其の間遂に延焼拡大せしめる如く認めらるもの多し。
三、将来の参考　（一）、隣組　特防　警防団運用上の対策
1．待避観念の是正と敢闘精神の昂揚振起
待避は即ち避難の観念に行過ぎ、待避は即ち初期防火の為の待機と言ふ観念なき者極めて多き傾向にある、
4．一般都民の防火力の限界
建物密集地域に対し相当広範囲に集中的且絨毯的攻撃を受くるときは……一般都民の初期防火力に付ては一定の限界ある、
「警視庁消防部空襲災害状況」一九四四年一一月三〇日について。[11]
近隣民防空の活動見る可きものありて相当数初期防火に成功せる、

「警視庁消防部空襲災害状況」一九四四年一二月三一日について。[12]

防空群の初期防火良好ならず、

「警視庁消防部空襲災害状況」一九四五年二月二五日の第二次について。[13]

官民一体の防禦も反覆攻撃のため都民は身を以て難を逃れるの状況、

「警視庁消防部空襲災害状況」一九四五年三月四日について。[14]

官民一体克く初期防火に敢闘せる、

「警視庁消防部消教務第二三二号」一九四五年三月一〇日について。[15]

二、消防上より見たる災害直前の警備

一般に焼夷弾の低空炸裂に因る密集投下の為初期防火不可能の状態にありしも、一面一〔二〕月二十五日・三月四日の大空襲の結果は各方面共警備力激減の状態にありたり。

(3)警防団消防部

数次の大空襲は家族援護への観念を助長せしめ、警備屯所へ参集極めて不良、部隊編成完全ならざりしのみならず、防禦行動中自宅の危険なるを認むるや、持場を放棄して帰るもの等ありたるが如し。

三、消防機関の活動状況

(1)隣組防空群

相当敢闘の跡を窺はるるも初期防火不及、火災続出し烈風下の猛火に巻かれ遂に多数の死傷者を出すに至りたり。

五、其の他の原因

2.飛火に因る火災発生大なりしこと

大火発生後は初期防火に破れたる民衆は避難に専念、

3.避難民雑踏せること

初期防火に敗れたる民衆は爾後家財道具を火災現場附近一帯の道路空地に搬出せる、

八、直に採りたる警視庁の対策

3.初期防火指導の強化

従来消防署に於て担当せる隣組防空群の初期防火指導を全面的に警察署に移管し、以て初期防火指導の強化を図らんとす。

「警視庁消防部空襲災害状況」一九四五年四月一三日について。[16]

民防空は殆んど戦意を喪失して行はれず、

「警視庁消防部消教務第三三二号　四月十三　十四日敵機の東京地方に於ける夜間爆撃下の消防行動より得たる教訓に関する件[17]」。

一、一般概況　⑿今次空襲災害に対する率直なる意見

初期防火は三月十日の空襲火災が多数の死傷者を出したるとの恐怖心は避難に専念せしめ、初期防火は失敗に終りたり。

二、災害直前の消防警備態勢　⑴隣組防空群

三月十日の大空襲の結果一般都民をして焼夷弾の密集投下に依る初期防火は不可能なりの観念を助長せしめ居りたるのみならず、火災に対する甚大なる恐怖心を醸成し居りたる為、大部分が逃避態勢にあり、全く防火準備を怠り居りたるものと認む。

三、消防機関の活動状況　⑴隣組防空群

三月十日の空襲戦訓は徒らに都民の恐怖心を助長せしめたる結果一部を除いては大半初期防火に敢闘の跡を認められず。

六、警視庁として直ちに採るべき対策

⑶三月十日空襲火災に依る一般部〔都〕民の恐怖心を一拭し、初期防火に対する敢闘精神の昂揚に努むること。

「警視庁消防部空襲災害状況」一九四五年四月一五日について[18]。

民防空は全く戦意喪失し見るべきものなく、

「警視庁消防部消教務第四六九号　五月二十四日未明敵機の帝都空襲時に於ける消防活動概況に関する件[19]」。

一、一般概況　⑿今次空襲災害に対する消防活動の率直なる意見

（イ）　隣組防空群　特設防護団其の他末端消防機関の敢闘

三月十日の空襲火災の恐怖心は四月十三日同十五日両空襲時に隣組防空群其の他、活動力を著しく低下せしめたるの教訓に鑑み、警察消防の全力を挙ぐる初期防火への敢闘思想の徹底効を奏し、初期防火に成功せること。

「警視庁消防部空襲災害状況」一九四五年五月二四日について[20]。

民防空の防火作業意の如くならず、

「警視庁消防部空襲災害状況」一九四五年五月二五日について[21]。

民防空は最近に於ける徹底且大規模なる空襲に其の戦闘意識を殆んど喪失し居り。為めに初期防火全く行はれず。

「警視庁消防部空襲災害状況」一九四五年五月二九日について[22]。

民防空は全く其の戦意を失ひ、初期防火は行はれず。

八月二日の八王子空襲では、次の史料のように、市民はアメリカ軍の空襲予告ビラを見て事前避難をしている。ビラを読むなといわれていたが、実際は読んでいた。

「警視庁消防部空襲災害状況」一九四五年八月二日について[23]。

前日B29の撒布せる伝単により予告を受けし一般市民は警報発令と共に市外周辺に続々と退避せしめた。焼夷弾に対する市民の初期防火は全く行はれず。為めに忽ちにして多発火災発生し一大合流火災となり八王子市の大部分を焼失せしむるに至れり。

東京空襲の官設消防隊は、以下の史料のように、市民の民家を見捨てて、軍需工場、軍施設、官庁特に宮城を守っていた。市民ではなく、国家を守っていたわけである。

「警視庁消防部消教務三三二号　四月十三　十四日敵機の東京地方に於ける夜間爆撃下の消防行動より得たる教訓に関する件[24]」。

一、一般概況　⑿今次空襲災害に対する率直なる意見

各区とも重要警備対照〔象〕建物焼失が前回に比し極めて損害軽微なりし点は、前回の災害教訓に基き官設消防隊の事前に重点移動配備並其の防禦戦法を重点部隊集中的に切換へたる為にして、

三、消防機関の活動状況　⑶官設消防隊　（ロ）現地部隊

三月十日の空襲災害は一般民家と共に重要工場の大半をも烏有に帰せしめたる教訓は直に消防部長よりの重点絶対死守の厳命となり、部隊運用各独立火点に対する各個撃破戦法を廃し、大部隊の集中威力に依る重点死守は各部隊とも共に功を奏し、一般民家は略々三月十日同様の状態に陥りたるも、重要工場等の類焼軽微に止りたり。

「警視庁消防部消教務第三三三号　四月十五日敵機の京浜西南部空襲時に於ける災害及消防活動状況に関する件(25)」。

四、大区域集中被弾区域現地部隊の戦闘状況　(2)蒲田方面　(ロ)成果と思料せらる諸点

(1)管内殆ど火海と化したるに重点防禦を策したる結果、住家の焼失に比し重要工場の大部を死守し得たり。

「警視庁消防部消教務第四六九号　五月二十四日未明敵機の帝都空襲時に於ける消防活動概況に関する件(26)」。

三、消防機関の活動状況　(3)官設消防隊　(ロ)現地部隊

三月十日の空襲被害は画域焼夷攻撃に対して一隊二隊単位の各個撃破戦法が重要地区一般居住地区共倒れの教訓……に依り……部隊の集団威力の……超重点運用は何れも功を奏し、

(一)目黒大隊

一般民家の炎上を涙を呑んで放任、重要地帯への為、部隊大半を待機せしめたり。

四、荏原地区並目黒品川地区の延焼拡大検討

(1)部隊を重点運用せるため一般の延焼を放任せること、

「警視庁消防部消教務第四七〇号　五月二十五　二十六日敵機の帝都夜間空襲時に於ける消防活動状況に関する件(27)」。

五、被害発生と防衛本部及現地部隊の活動　(2)防衛本部の採りたる部隊運用

本庁前に集結したる大部分は比較的災害発生早かりし麻布・麹町・渋谷・芝・赤坂の各大隊に赴援せしめたるも、其の後の状勢に依り、集結せしめたる部隊及延焼拡大せずと認めたる部隊に対しては直に転戦を命じ、何れも宮城及大宮御所警護に任ぜしめたり。三時以後に於ける部隊配置は宮城、大宮御所に超重点的に、其の外読売・朝日の両新聞社、東京駅、首相官邸及附近官舎・官庁、其の他各地区隊長大隊長等の要請に基き部隊を運用せり。

4　課題

日本の権力の政策が戦争、軍需工場、皇室、国家を優先し、国民のいのち、財産を無視していたという問題点

を、より正確に多面的に見ることが必要である。水島朝穂・大前治『検証・防空法』は防空法制を問題にしたことはよいが、防空法だけに絞って強調することは一面的である。空襲火災対策は初期消火を重視しており、消火に役立たない者はいなくてよいというものであった。その中で、市民はいのちを守るために逃げていた。このように初期消火体制が維持できないで、崩壊していた。逃げずに消せといわれても、市民は実際には逃げて命・財産を守る行動をしていた。そして避難先で多く方が亡くなり、逃げ遅れて亡くなる方も多かった。また、退去禁止をいっていたことは事実であるが、実際は疎開で老人、幼児、病人は都市から出ていっていた。さらに市民はアメリカ軍のビラを見て行動していた。大空襲の火災を消せないことは現場の消防も知っていたし、市民も実感していた。このような失敗も消防は記録し、報告していた。これらの事実を無視してはならない。

おわりに

戦時中の空襲被害のとらえ方の多くは、空襲の復讐を誓うというものであった。その一例が次の史料に見る、特攻で死んだ学徒兵のとらえ方である(28)。

B29多数機午前一時小癪にも帝都を襲ふ。……敵帝都上空を乱舞し盲目爆撃を行ふ。……我の怒、火の手を見、敵機急降下の音を聞き頂点に達す。断じて此の仇を討たずば已むべからざるなり。

戦後は変わって、空襲のような被害をもたらさないために、二度と戦争をしないことを誓うものになっていった。被害を伝えることによって、戦争を繰り返さない思いを新たにし、平和主義をより確かにするものであった。

しかし、被害を伝えることには、敵愾心を煽る、加害を帳消しにするという危険性もある。特にシベリア抑留についてそうであって、世界遺産登録へのロシアの批判は根拠がある。侵略戦争による加害の謝罪・反省を欠くと問題解決にならない。安倍晋三首相が東京都慰霊堂での二〇一五年の慰霊祭に参加したことは、首相として初めてのことであった。これは安倍首相の、日本の戦争や軍部を肯定する歴史観との連動という危険性を持っており、中国の批判は根拠がある。天皇の東京都慰霊堂参拝は、安倍首相の歴史観とは違うことの評価は必要であるが、天皇の政治行為強化は危険である。

　空襲研究は運動に支えられているが、相対的独自性が必要である。当面の運動課題のための一面的な研究ではなく、実証的な歴史研究が必要である。一面的な研究では、歴史修正主義の攻撃に耐えないし、国際的にも通用しない。歴史学は厳密な実証に基づく研究によって、運動の進展に協力していくものでなければならない。それは、運動の歴史を明らかにし、空襲の実相を、誇張でも隠すのでもなく、確実な記録に依拠して明らかにすることである。結局は、実証的研究の成果が残り、役立つのである。

（1）赤沢史朗「第二次大戦後の日本における民間人戦争犠牲者の補償問題」『日本人の民間戦争犠牲者の補償問題に関する政治史的研究』（科学研究費補助金研究成果報告書、立命館大学、一九九三年）と赤沢史朗『戦没者合祀と靖国神社』（岩波書店、二〇一五年）による。
（2）池谷好治『路傍の空襲被災者』（クリエイティブ21、二〇一〇年）に、岐阜市、名古屋市を補足。
（3）「警視庁消防部消教務第三三三号　四月十五日敵機の京浜西南部空襲時に於ける災害及消防活動状況に関する件」一九四五年四月二三日、東京大空襲・戦災資料センター所蔵複写。
（4）「警視庁消防部消教務第四六九号　五月二十四日未明敵機の帝都空襲時に於ける消防活動概況に関する件」一九四五年六月二日、東京大空襲・戦災資料センター所蔵複写。
（5）「警視庁消防部空襲災害状況」一九四五年三月一〇日、『東京大空襲・戦災誌』（『東京大空襲戦災誌　三巻』編集委員会編、東京空襲を記録する会、一九七四年）二一〇頁所収。
（6）青木哲夫「日本の防空壕政策」（『政経研究』第八八号、二〇〇七年五月）。
（7）水島朝穂・大前治『検証・防空法』（法律文化社、二〇一四年）は、一九四三年後半からの変化を無視している。
（8）「今こそ完全疎開」『毎日新聞』一九四五年三月一一日、前掲『東京大空襲・戦災誌　四巻』一四八頁所収。
（9）前掲『東京都戦災誌』二一七頁所収。
（10）「警視庁消防部消教務第一二七六号」一九四四年一二月一八日、前掲『東京大空襲・戦災誌　三巻』五一一頁所収。
（11）前掲『東京大空襲・戦災誌　三巻』六〇頁所収。
（12）前掲『東京大空襲・戦災誌　三巻』一〇七頁所収。

(13) 前掲『東京大空襲・戦災誌　三巻』一八六頁所収。
(14) 前掲『東京大空襲・戦災誌　三巻』一九九頁所収。
(15)「警視庁消防部消教務第三三一号」一九四五年三月一八日、前掲『東京大空襲・戦災誌　三巻』二一七〜二二一頁所収。
(16) 前掲『東京大空襲・戦災誌　三巻』二六二頁所収。
(17)「警視庁消防部消教務第三三二号」一九四五年四月二三日、前掲『東京大空襲・戦災誌　三巻』二六七頁所収。
(18) 前掲『東京大空襲・戦災誌　三巻』二七八頁所収。
(19) 前掲「警視庁消防部消教務第四六九号」。
(20) 前掲『東京大空襲・戦災誌　三巻』三〇〇頁所収。
(21) 前掲『東京大空襲・戦災誌　三巻』三〇七頁所収。
(22) 前掲『東京大空襲・戦災誌　三巻』三一八頁所収。
(23) 前掲『東京大空襲・戦災誌　三巻』三四二頁所収。
(24) 前掲「警視庁消防部消教務第三三二号」。
(25) 前掲「警視庁消防部消教務第三三三号」。
(26) 前掲「警視庁消防部消教務第四六九号」。
(27)「警視庁消防部消教務第四七〇号」一九四五年六月二日、東京大空襲・戦災資料センター所蔵複写。
(28) 大塚章『Ein Tag[e]buch』の一九四五年四月四日の部分、わだつみのこえ記念館『戦没学生の遺稿に見る「特攻」』（二〇一四年）二二頁所収。

（付記）枚数制限を守るため、報告内容の一部を割愛した。

本報告は、ＪＳＰＳ科研費一九三二〇一〇九、二三五二〇八五三、二六三七〇八一〇、一五Ｋ〇二八八三の助成を受けた研究成果の一部である。

4

日本の都市空襲と軍都

『地域のなかの軍隊9　軍隊と地域社会を問う』（二〇一五年九月　吉川弘文館）

はじめに

ここでは、地域のなかの軍隊の一環として空襲をとりあげ、軍都と空襲の関連について考えたい。今まで、空襲された都市は軍都であったからとよくいわれてきた。この問題を考える前提として、アメリカなど連合軍はどのように、何を目標として空襲したかを、まず見る必要がある。次いで、各都市が実際にどのような被害を受けたかを明らかにしなければならない。このような点について、これまでの空襲研究の成果を整理したうえで、軍都と空襲の関連を考えていきたい。

日本空襲の中心はB29爆撃機による爆撃であった。そのなかでも、原爆投下は特別扱いであった。B29以外のB24・B25爆撃機による爆撃も一部ではあるが、存在した。海軍の空母から飛び立った飛行機による空襲もあった。あわせてこれらも見ていきたいが、研究状況から十分にとりあげることはできない。なお空襲被害を考える際、空襲による軍人や軍属の被害ではなく、民間人の被害を中心に考えていきたい。地域のなかに軍隊が置かれていたことによって、地域住民が受けた影響や被害を問題にしたい。

1　連合軍空襲のねらい

何をねらったのか

アメリカ陸軍のなかにあった空軍参謀部は、一九四三年（昭和一八）二月に日本とその支配地における目標の研究を始めた。一一月には作戦分析委員会が報告書「極東における経済的目標」をまとめた。ここでは、六つの重要な戦略目標に、商船建造、鉄鋼、都市工業地域、航空機産業、ボールベアリング、電子工業をあげていた。一年後の四四年一〇月の報告では、戦略爆撃目標を航空機関連産業と大都市の市街地に絞り、副次的な目標として、港運への機雷投下作戦をあげた。

一九四四年四月にアメリカ軍の統合参謀本部は、作戦分析委員会の報告を受けて、そこであげられた六目標に、石油関連施設を加えた七目標をB29爆撃機の空襲対象として決定した。目標の都市工業地域は、東京、川崎、横浜、名古屋、大阪、神戸の六都市に特定した。さらに五月にはB29の機数が揃い十分配備できて戦力が整い、しかも季節風が強い四五年三月に東京などの六大都市工業地域への総攻撃を始めることを決めた。

このように、まず航空機関連産業と大都市の市街地が戦略爆撃の主目標であった。都市工業地域空襲といっても、実際は人口密集地を選んで、大量の焼夷弾を投下し、住居を焼き払い、住んでいる人を多く殺すことによって、戦争継続の意欲をなくすことが、主な戦略的なねらいであった。日本政府も、市街地空襲において、工場などを守ることに消防を重点配備し、一般住居は消防からは見捨てられ、住民に非科学的な方法による消火を強制した。これが住民の被害を増大させた。

主目標に次いで、石油関連施設や港運への機雷投下、さらに鉄鋼などの一般軍需工場や陸海軍工廠などが目標とされた。ということは、軍隊自身や鉄道などの輸送施設は必ずしも主要目標ではなかった。

どの都市をねらったのか

東京、川崎、横浜、名古屋、大阪、神戸の六都市の空襲後に、都市工業地域を爆撃するということで、中小都市の市街地への地域爆撃が続けられる。この目標都市について、見ていきたい。

アメリカ軍は、大都市・中小都市あわせて一八〇都市を市街地爆撃の目標都市にあげていた。これは、一九四〇年（昭和一五）の国勢調査の人口順に並べたものである。このなかから、原爆投下目標都市、北海道の都市などがはずされた。原爆投下目標都市は原爆の効果をあげて、それを計測するために、事前に通常爆弾や焼夷弾による空襲を禁止したのである。京都、広島、小倉、新潟やある時期までの横浜がこれに当てはまる。北海道の都市は、B29爆撃機による空爆が飛行距離の関係で無理なためにはずされたのである。かわりに空母からの爆撃機により爆撃されることになった。さらに、夜間レーダー爆撃が容易で、建物が密集して延焼しやすく効率的に居住地を焼き払えることが、実際の空襲にあたって選ぶ基準となった。ということは、都市の市街地爆撃にあたっては、軍の衛戍地《えいじゅち》（駐屯地）であるからとか、飛行機関係などの軍需工場があるという理由で選んだわけではない。もっとも、市街地爆撃とは別に、軍需工場をねらった爆撃では、住民に被害が及んでいる。

どのような軍事目標をねらったのか

目標都市の設定とは別に目標施設を選び、番号を付していた。これは当初のものに加え、途中で増加している。このなかには、航空機関連・石油関連・鉄鋼所・造船所・兵器・火薬・電機・機械工業・化学工業・セメント・自動車・車両などの軍需工場をはじめ、軍需工場に転化した繊維工場・炭鉱・発電所・変電所・ガス製造所や、港・埠頭・桟橋・操車場・車庫・駅・飛行場・橋・倉庫などの交通運輸関係施設、電話局、無線通信所通信施設、気象台、さらには青果・魚の卸売市場や浄水場の堰まで含まれている。

陸海軍工廠や飛行場を除く軍施設はごく少なく、当初の目標では、横須賀の学校、大湊海軍基地、久留米の陸軍官衙、鹿児島の陸軍駐屯地があるぐらいである。後で追加される施設には飛行場や機械工業の工場などが多い。

2　どのような空襲が実施されたか

初期の空襲

日本本土への初空襲は、真珠湾攻撃から四ヵ月後の一九四二年（昭和一七）四月一八日に、空母から陸上爆撃機B25を飛ばして東京、名古屋、神戸などを爆撃したものである。この空襲は、アメリカも、開戦初期の劣勢により押され気味であったのを巻き返し、士気を高めるために、無理をして実行したものであった。その後、日本本土への空襲は四四年六月までなかった。

しかし、日本占領地や島嶼部への空襲は早くから始まっていた。

成都からの空襲

アメリカは航行距離が五〇〇〇キロメートルをこえる重爆撃機B29を開発し対日戦に投入した。まず、B29爆撃機は成都を基地として一九四四年（昭和一九）六月一六日～四五年一月一七日にかけて、日本の九州、台湾、「満洲」などを空襲した。製鉄所や航空機関連工場などの目標と、その周辺を空襲しており、日本本土では、北九州の小倉や八幡製鉄所、長崎、大村航空廠、大刀洗機械工場、大牟田などを空襲している。

しかし、成都からでは、B29の航行距離の関係で北九州を除く日本本土の大部分を爆撃できないし、航空燃料などの物資補給もインドからヒマラヤを越えての空輸に頼らなければならないという困難もあった。そこで、アメリカは、北海道を除く日本本土のほとんどへのB29による爆撃が可能となる、グアム・テニアン・サイパンなどのマリアナ諸島を占領し、そこを基地に本格的な日本空襲を始めた。

マリアナ基地から本土空襲

一九四四年（昭和一九）一一月から始まった本格的なB29の日本本土空襲には、以下のようなものがあった。

軍需工場爆撃　一九四四年一一月二四日～四五年八月一五日

大都市焼夷弾空襲　一九四五年三月一〇日～六月一五日

機雷投下　一九四五年三月二七日～八月一五日

沖縄戦支援の飛行場爆撃　一九四五年四月一六日～五月一一日

石油基地への爆撃　一九四五年六月二六日～八月一五日

中小都市焼夷弾空襲　一九四五年六月一七日～八月一五日

模擬爆弾・原子爆弾投下　一九四五年七月二〇日～八月一四日

また、都市空襲を中心に三時期に区分される。第一期は、一九四四年一一月二四日～四五年三月はじめまでで、主に航空機工場などを通常爆弾を使って精密爆撃した。第二期は、三月一〇日～六月一五日までで、焼夷弾を大量投下し、東京都区部・大阪・神戸・名古屋・横浜・川崎などの大都市市街地を焼き払う爆撃をした。それ以降の第三期には、中小都市の市街地を大量の焼夷弾によって焼失させた。ただし、軍需工場爆撃は第二期・第三期にも続けて実施された。

大都市空襲

大都市の市街地空襲は、第一期には飛行機工場への爆撃を第一目標とし、それが爆撃できない場合は第二目標の市街地への無差別爆撃がなされた。また、本格的な市街地空襲に先立って、一九四五年（昭和二〇）一月三日に名古屋を、二月四日に神戸を、二月二五日に東京を、それぞれ市街地への試験的な焼夷弾爆撃をしている。

第二期の大都市の市街地に大量の焼夷弾を投下し焼き払うような空襲は、三月一〇日に始まり、途中の中断をはさんで、六月一五日まで続いた。前期は、一九四五年三月一〇日の東京下町の大空襲、三月一二日と一九日の名古屋大空襲、三月一三～一四日の大阪大空襲、三月一七日の神戸大空襲と実施された。三月半ばまでの大空襲で焼夷弾を使い切り、大都市への空襲が再開されるのは四月半ばである。後期では、四月には四月一三日～一四日の東京西北部の大空襲、四月一五～一六日の東京南部や川崎に対する大空襲があった。その後、沖縄戦支援の作戦の飛行場爆撃を実施して、大都市焼夷空襲を中断している。再開後、五月一四日と一七日の名古屋大空襲、五月二四日と二五～二六日の東京山手の大空襲、五月二九日の横浜大空襲、六月一日、七日、一五日の大阪大空襲、六月五日の神戸大空襲と続いた。六月の大阪大空襲では尼崎も被害を受けている。

中小都市空襲

第三期の中小都市に対する焼夷弾による住民居住地への空襲は、一九四五年（昭和二〇）六月一七日～八月一四日にかけて合計五七都市を目標都市として実行された。目標都市は人口順にあげた都市のなかから、空襲して大きな被害を与えられる都市を選んで爆撃した。以下の日と目標で一六回実施された。

第一回　六月一七～一八日　鹿児島、大牟田、浜松、四日市
第二回　六月一九～二〇日　豊橋、福岡、静岡
第三回　六月二八～二九日　岡山、佐世保、門司、延岡
第四回　七月一～二日　呉、熊本、宇部、下関
第五回　七月三～四日　高松、高知、姫路、徳島
第六回　七月六～七日　千葉、明石、清水、甲府
第七回　七月九～一〇日　仙台、堺、和歌山、岐阜
第八回　七月一二～一三日　宇都宮、一宮、敦賀、宇和島
第九回　七月一六～一七日　沼津、大分、桑名、平塚
第一〇回　七月一九～二〇日　福井、日立、銚子、岡崎
第一一回　七月二六～二七日　松山、徳山、大牟田
第一二回　七月二八～二九日　津、青森、一宮、宇治山田、大垣、宇和島
第一三回　八月一～二日　八王子、富山、長岡、水戸
第一四回　八月五～六日　佐賀、前橋、西宮、今治
第一五回　八月八日　八幡、福山
第一六回　八月一四～一五日　熊谷、伊勢崎

二度爆撃された都市は、最初の空襲で十分な被害を与えられなかったと判断されたためである。

飛行機工場などへの空爆

飛行機工場などの軍需工場への精密爆撃は最初から実施され、第二期以降も軍需工場への空爆は続けられた。

第一期には、東京の中島飛行機武蔵製作所、名古屋の三菱重工業発動機製作所や三菱重工業航空機製作所、明石の川崎航空機、中島飛行機太田製作所などの飛行機関

係の工場へ、白昼高高度からの目視による精密爆撃が主になされた。

第二期にも、飛行機などの工場への空爆は続いた。武蔵や小泉の中島飛行機、名古屋や静岡の三菱重工業、立川の飛行機工場、郡山の化学工場などが空爆された。六月以降の軍需工場への精密爆撃は、昼間目視で複数地域の多数の目標に戦力を分散し、同時に爆撃する方法がとられた。これは夜間の中小都市への市街地爆撃と組み合わせて、六月九、一〇、二二、二六日、七月二四日に実施された。戦争末期の八月七日には豊川海軍工廠を、八月一四日には大阪陸軍造兵廠、光海軍工廠を空爆するなど、陸海軍の軍需工場への大規模な爆撃が実行された。

B29によるその他の空爆

沖縄戦を支援するために、一九四五年（昭和二〇）四月一六日から五月一一日の間は、九州と四国にある特別攻撃隊の基地となった飛行場を空爆した。この作戦の最後に、徳山の第三海軍燃料廠、岩国陸軍燃料廠、大浦油槽所が爆撃された。これは直接には沖縄戦での日本軍機燃料源を断つものであったが、六月から実施される石油作戦の先駆けとなるものでもあった。

一九四五年六月二六日からは、石油精製施設へのレーダーを使った夜間爆撃が始まり、これは八月一五日まで一五回実施された。四日市の第二海軍燃料廠、日本石油下松《くだまつ》製油所、丸善石油下津製油所、川崎人造石油、日本石油尼崎製油所、帝国燃料宇部工場、椒《はじかみ》村の東亜燃料和歌山製油所、土崎の日本石油秋田製油所などの工場が空爆された。

一九四五年三月二七日から、B29爆撃機による海面への機雷投下作戦が夜間に実施された。これは八月一五日まで、四四回にわたり続けられた。佐世保、唐津、福岡、関門海峡、仙崎《せんざき》、萩、浜田、境港、中海、宮津、舞鶴、敦賀、七尾、伏木、直江津、新潟、酒田という日本海沿岸と、周防灘、瀬戸内海、神戸、大阪、広島、呉、名古屋、東京などが目標とされたが、なかでも、関門海峡、舞鶴敦賀地域、新潟港には重点的に投下された。

長崎に投下されたプルトニウム原爆ファットマンと同じ大型で、中身は原爆でなく、五トンの通常火薬をつめた爆弾、模擬原爆が、原爆の訓練として投下された。これは四五年七月二〇日から原爆投下予定都市の周辺、中国・四国から新潟・福島にかけて、白昼高高度から目視で実行された。そして、八月六日広島、九日長崎と原爆が投下された。その後も余った模擬原爆が八月一四日まで投下され、合わせて四九発が使われた。

小型陸上機・艦上機による空襲

アメリカ軍は硫黄島を占領し、そこを基地に、小型のP51戦闘機による日本への空襲を行なった。これはB29の昼間の爆撃の援護をしたり、人を狙った機銃掃射をしたりした。東京周辺につくられた日本軍の防空基地に対する爆撃も実施された。

沖縄占領後、伊江島や本島の基地から、七月二八日を皮切りにB24・B25爆撃機や戦闘機によって、久留米や南九州の交通要所の都市が昼間に爆撃された。

艦上機による爆撃には、一九四四年（昭和一九）一〇月一〇日の那覇市を中心とする南西諸島への空襲、四五年二月一六日・一七日の中島飛行機工場や防空飛行場などの爆撃、三月の沖縄戦支援のための九州の飛行場や内海の船舶への爆撃、七月一四、一五日の北海道・東北への空襲などがある。

3　与えられた被害はどうだったのか

大都市空襲の被害

大都市への被害のなかでも、東京の区部の被害が突出している。死者は約一〇万五四〇〇人であり、原爆以外の空襲死者の半分を東京の区部がしめており、しかもその大部分は一九四五年（昭和二〇）三月一〇日の下町大空襲である。罹災者は約三〇〇万人で、全焼・全壊戸数は約七五万戸である。約一四〇平方キロメートルが破壊され、住宅密集地の約五割が破壊された。東京の五大空襲（三月一〇日の下町、四月一三〜一四日の西北部、四月一五日の南部、五月二四日と二五〜二六日の山手）はいずれも、市街地爆撃である。飛行機工場が区部でなく、武蔵野や立川など多摩にあった関係で、東京都の区部は大阪、名古屋に比べて、工場爆撃の巻き添えによる被害が少ない。むしろ飛行機工場が爆撃できないときの第二目標に東京の市街地があげられており、それへの爆撃の被害がある。近衛や第一師団の兵舎は山手にあったが、山手は五月二五～二六日などに空襲を受けた。しかし、東部軍管区司令部は焼かれたが、他の司令部や兵舎は焼け残った。しかし、爆撃しないはずの宮城への空襲などにより、近衛師団や第一師団で、四〇人くらいの戦死者を出している。

大阪は東京に次ぐ被害を受けた。死者は一万〇二八三人で、通常空襲で一万人をこえたのは東京と大阪だけである。大阪市内には飛行機工場はないが、軍需工場があって、七大空襲のうち、市街地爆撃は三月一三～一四日と六月一日、七日、一五日の四回で、後の空襲は、軍需工場爆撃の巻き添えによる被害である。六月二六日や七月二四日の住友金属や大阪陸軍造兵廠などへの爆撃、八月一四日の大阪陸軍造兵廠などへの爆撃により大きな被害が出ている。大阪は市街地爆撃でも、中心部にあった大阪城付近は被害がなく、第四師団の司令部をはじめ、歩兵連隊などの兵舎も焼け残った。

第三の都市、名古屋は市内に飛行機工場があって、初期からその巻き添えを食っており、三月一二日、一九日と五月一四日、一七日の四回の市街地爆撃より、軍需工場爆撃による民間人死者の方が多い。全体の死者は七八五八人であるが、六月九日の愛知時計電機熱田工場への爆撃では二〇六八人の、三月二五日の三菱重工業発動機工場への爆撃では一六一七人の死者を出している。名古屋も名古屋城天守閣は焼けたが、その周辺は焼け残りが多く、東海軍管区司令部の建物の一部が焼失しているが、他の兵舎などは焼かれていない。

横浜、川崎、神戸は軍の衛戍地ではなく、必ずしも軍都といえないが、市街地爆撃で焼き払われ大きな被害を出した。神戸の死者は六二三五人で、住宅密集地の六一%が破壊され、東京の破壊率を上回っている。横浜の死者は四六一六人、川崎の死者は七六八人である。

第四の都市の京都は原爆投下目標であったため、空爆は控えられており、被害は少なかった。京都も伏見にあった第一六師団の軍施設にはほとんど被害がなかった。

このように日本のほとんどの大都市の市街地は焼け野原となった。大都市に置かれていた軍の司令部や兵舎を目標とする空爆はなく、市街地への空襲のなかで軍施設にも被害が及んだのみである。大都市の軍需工場を目標とする空爆による住民の被害は大きかった。

中小都市空襲の被害

中小都市への市街地空襲による被害と、ほかの日の軍需工場などへの空爆による被害を合わせると、中小都市のなかには、鹿児島市三三二三人、浜松市三二三九人、富山市二七六七人、呉市二〇七一人、八幡市一九九六人、静岡市一九五二人、堺市一八七六人、岡山市一七三七人、福井市一六八四人、明石市一四九六人、長岡市一四五四人、徳島市一四五一人、津市一四四四人、高松市一三五九人、日立市一三五四人、佐世保市一二二五人、和歌山市一二一二人、仙台市一〇六六人、甲府市一〇四四人、福岡市九〇二人、千葉市八九〇人、岐阜市八六三人、大牟田市八一五人、四日市市八〇八人のように多数の死者をだした都市がある。日立、明石、姫路の場合は市街地空襲より、軍需工場への空爆の方がより多くの死者を出している。

市街地の焼失率では富山市九八％、鹿児島市九〇％、福井市八五％、沼津市八一％、八王子市八〇％、一宮市八〇％、福山市八〇％、日立市七八％、桑名市七七％、今治市七六％、岐阜市七四％、津市七三％、松山市七三％、姫路市七二％、浜松市七〇％、敦賀市六八％、岡崎市六八％、静岡市六六％、長岡市六六％、水戸市六五％、明石市六三％、岡山市六三％、徳島市六二％、高松市六〇％のように、大都市を上回る都市もある。小型陸上機による空襲で、久留米市は一九四五年（昭和二〇）八月一一日に二一三人の死者を出している。

軍需工場空爆による被害

中小都市にあった飛行機工場は壊滅的打撃を受け、周辺の住民にも被害が及んだ。一九四五年（昭和二〇）五月一一日の兵庫県武庫郡本庄村の川西航空機甲南製作所への空爆では周辺の町村も含めて一三七九人の死者を出したほか、愛知県半田市の中島飛行機半田製作所、兵庫県武庫郡鳴尾村の川西航空機鳴尾製作所、同郡良元村の川西航空機宝塚製作所、群馬県新田郡太田町の中島飛行機太田製作所、同県邑楽郡小泉町の中島飛行機小泉製作所などでも大きな被害を出している。

飛行機工場以外の軍需工場や石油施設への空爆では、工場自体が大きな被害を受け、工場内で多数の死者を出しているが、周辺住民も空爆により亡くなっている。交通機関への空爆では、八月一四日の岩国駅への空爆では五一七人が亡くなった。

その他の被害

原爆により、広島、長崎は大都市の東京並みの何万という死者を出した。広島は原爆で第二総軍司令部をはじめ軍施設が壊滅した。模擬原爆の投下では合計四〇〇人をこえる死者が出ている。艦上機による爆撃や機銃掃射による大きな被害では、一九四四年（昭和一九）一〇月一〇日の空襲により沖縄では三三〇人の民間人と二一八人の軍人が、一九四五年七月二五日の保戸島国民学校への空襲では一二七人が、八月五日の猪鼻トンネルでの中央本線四一九列車への機銃掃射で六四人が、それぞれ亡くなっている。

日本への空襲で一〇〇をこえる都市が大きな被害を受け、原爆をのぞく通常爆弾や焼夷弾による空襲の死者は二〇万人をこえる。

軍施設への被害

飛行機工場をはじめ、軍需工場や飛行場は空襲の目標となり、被害を受けたが、軍の司令部や兵舎は、飛行場を除いて、ほとんど空襲の目標とならなかった。市街地空襲で、軍の司令部や兵舎が焼かれた場合が多い。

仙台は第二師団司令部をはじめ歩兵四連隊の兵舎を除き、ほとんどの軍施設が焼失した。岐阜は連隊司令部分室のみを焼かれている。静岡は歩兵三四連隊の兵舎の一部が罹災している。姫路は師団司令部や歩兵三九連隊兵舎などが焼失した。福山は歩兵四一連隊兵舎などが焼かれている。福岡は西部軍管区司令部、歩兵三五旅団司令部、歩兵二四連隊兵舎など西部軍関係の施設が焼失した。熊本市は歩兵一六連隊などの兵舎が焼かれた。鹿児島は一九四五年（昭和二〇）八月六日の艦上機による空襲で伊敷村にあった歩兵四五連隊の兵舎が焼失した。千葉市は鉄道一連隊、気球連隊、歩兵学校、千葉陸軍高射学校などが焼かれている。呉は鎮守府、海兵団などを焼かれた。平塚は市街地空襲で、第二海軍火薬廠などが被害を受けている。

兵士の死者はよくわかっていないが、北海道空襲では九六七人が、日本石油秋田製油所への空爆では一六〇人が、六月一〇日の土浦海軍航空隊への空爆では一八二人が、七月二四日の徳島の歩兵四三連隊正門近くへのB29による一トン爆弾の投下により兵士七〇人あまりが、戦死している。

軍都と空襲被害

軍都のなかで、旭川、札幌、弘前、盛岡、山形、若松、高崎、佐倉、新発田、高田、金沢、鯖江、松本、福知山、奈良、篠山、鳥取、松江、浜田、山口、善通寺、丸亀、横須賀、市川、三島などは、ほとんど被害がなかった。

京都、青森、秋田、水戸、宇都宮、甲府、敦賀、豊橋、津、和歌山、岡山、松山、高知、小倉、久留米、大村、大分、都城も軍施設にはほとんど被害がなかった。兵舎が都市の周辺部や市外の近郊町村にあったため、市街地は焼き払われても、兵舎はほとんど被害がなかった場合が多い。一部の城下町で、城内やそのすぐ近くに兵舎があっても、住宅密集地の焼き払いの類焼を免れた場合もある。

逆に、焼き払われた都市でも、神戸、横浜、川崎、八王子、長岡、福井、大垣、清水、岡崎、宇治山田、西宮、高松、今治、宇和島、那覇などの中小都市は、軍の衛戍地ではなく、必ずしも軍都といえない。

おわりに――軍都は空襲されたのか

以上見てきたように、軍の衛戍地が爆撃目標ではないにしても、衛戍地や軍需工場のある都市の多くが、大きな空襲被害を受けたことは確かである。しかし、軍事目標がないにもかかわらず、市街地を焼き払われた都市や、衛戍地でありながら空襲被害を受けなかった都市があることも事実である。

最近の軍都研究は、金沢、高田、佐倉など、空襲被害を受けないため、軍都であっても巻き添えの被害を経験していないで、ひどい目に遭っていない軍都のケースから論じたものが多いという特徴を持っている。

〔参考文献〕（都道府県、区市町村の北から配列した）
山本竜也『北海道空襲犠牲者名簿』私家版、二〇一一年
青森市史編集委員会編『新青森市史　資料編　七』青森市、二〇〇六年

青森空襲を記録する会編『写真集（改訂版）青森大空襲の記録—次代への証言』同会、二〇〇二年
仙台「市民の手でつくる戦災の記録」の会編『仙台空襲　仙台空襲の全記録』宝文堂、一九七三年
花岡泰順『土崎空襲の記録—一九四五・八・一五未明』秋田文化出版社、一九八三年
郡山戦災を記録する会編『郡山戦災史』同会、一九七三年
水戸市史編さん近現代専門部会編『水戸市史　下　三』水戸市、一九九五年
宇都宮市教育委員会編『うつのみやの空襲—戦災記録保存事業報告書』宇都宮市教育委員会、二〇〇一年
前橋市戦災復興誌編集委員会編『戦災と復興』前橋市役所、一九六四年
埼玉県平和資料館編『首都圏の空襲—戦後五〇年記念特別企画展』埼玉県平和資料館、一九九五年
千葉市大空襲とアジア・太平洋戦争の記録一〇〇人の証言編集委員会編『千葉市大空襲とアジア・太平洋戦争の記録—一〇〇人の証言』同会、二〇〇九年
銚子市市史編さん室編『市民の記録—銚子空襲』銚子市、一九六四年
たましん歴史・美術館歴史資料室編『多摩のあゆみ　特集号　第一一九号〈戦時下の地域社会　その二〉』財団法人たましん地域文化財団、二〇〇五年
東京大空襲・戦災誌編集委員会編『東京大空襲・戦災誌　三』東京空襲を記録する会、一九七三年
東京都編『東京都戦災誌』東京都、一九五三年
横浜市・横浜の空襲を記録する会編『横浜の空襲と戦災　三』横浜市、一九七五年
川崎市編『川崎空襲・戦災の記録　資料編』川崎市、一九七七年
平塚市博物館編『市民が探る平塚空襲—六五年目の検証』平塚市博物館、二〇一〇年
長岡市編『語りつぐ長岡空襲—長岡戦災資料館十周年記念誌』長岡市、二〇一三年
中山伊佐男『ルメイ・最後の空襲—米軍資料に見る富山大空襲』桂書房、一九九七年
福井空襲史刊行会編『福井空襲史』同会、一九七八年
敦賀市戦災復興史編纂委員会編『敦賀市戦災復興史』敦賀市、一九五五年
甲府市史編さん委員会編『甲府市史　通史編三』甲府市、一九九〇年
岐阜市平和資料室友の会編『岐阜も「戦場」だった—岐阜・各務原・大垣の空襲』同会、二〇〇五年
沼津市明治資料館編『一九三一—一九四五—沼津と戦争』沼津市明治資料館、二〇〇五年
静岡市平和資料館をつくる会編『静岡・清水空襲の記録—二三五〇余人へのレクイエム』同会、二〇〇五年
浜松市編『浜松市史　三』浜松市、一九八〇年

竹内康人『浜松・磐田空襲の歴史と死亡者名簿』人権平和浜松、二〇〇七年
東海新聞社編『岡崎市戦災復興誌』岡崎市、一九五四年
豊橋市教育委員会編『戦中の市民生活と戦後豊橋の歩み』豊橋市教育委員会、一九九五年
名古屋空襲を記録する会編『名古屋大空襲誌　一～八号』同会、一九七七～七九年
新修名古屋市史編集委員会編『新修名古屋市史　六』名古屋市、二〇〇〇年
津平和のための戦争展実行委員会編『津の戦災―記録と回想』同会、一九八九年
くわな戦争を語りつぐ会編『消えない夏の日　桑名空襲体験記』同会、一九八五年
四日市市立博物館編『四日市空襲』四日市市立博物館、一九九五年
小林啓治・鈴木哲也『かくされた空襲と原爆』つむぎ出版、一九九三年
堺市人権啓発局編『平和いのち―堺戦災関係資料集』堺市人権啓発局、一九八二年
大阪市編『大阪市戦災復興誌』大阪市、一九五八年
新修大阪市史編纂委員会編『新修大阪市史　七』大阪市、一九九四年
大阪府警察史編集委員会編『大阪府警察史　資料編二』大阪府警察本部、一九八五年
神戸空襲を記録する会編『神戸大空襲―戦後六〇年から明日へ』同会、二〇〇五年
尼崎市立地域研究史料館編『図説尼崎の歴史』尼崎市、二〇〇七年
和歌山市編『和歌山市戦災誌』和歌山市、一九五六年
和歌山市立博物館編『和歌山大空襲の時代』和歌山市教育委員会、一九九五年
鳥取県の戦災を記録する会編『鳥取県の戦災記録』同会、一九七八年
岡山市史編集委員会編『岡山市史　戦災復興編』岡山市、一九六〇年
岡山市編『岡山空襲の記憶―一九四五年六月二九日』岡山市、二〇一〇年
呉戦災を記録する会編『呉戦災―あれから六十年』同会、二〇〇一年
福山市史編纂会編『福山市史　下』同会、一九七八年
福山人権平和資料館編『福山空襲と戦時下のくらし　二』福山人権平和資料館、二〇一一年
広島県編『広島県戦災史』第一法規、一九八八年
井上実智夫『宇部市の空襲』私家版、刊行年次不明
工藤洋三『写真が語る山口県の空襲―米軍が記録した偵察・攻撃・損害』私家版、二〇〇六年
徳島市史編さん室編『徳島市史　一』徳島市、一九七三年
髙松空襲を記録する会編『髙松の空襲　手記・資料編』同

会、一九七八年
松山市史編集委員会編『松山市史　三』松山市、一九九五年
愛媛県歴史文化博物館編『愛媛と戦争―伝えたい戦争の記憶・平和な未来へ』愛媛県歴史文化博物館、二〇〇八年
大刀洗空襲を語りつぐ会編『大刀洗空襲をたどる　第三部』同会、一九九九年
鈴木裕和『大牟田空襲を記録する』私家版、二〇一三年
福岡市編『福岡市史　三』福岡市、一九八五年
北九州市史編さん委員会編『北九州市史　近代・現代　行政　社会』北九州市、一九九五年
平和憲法を活かす熊本県民の会編『熊本空襲を語り継ぐ―戦後六五年』同会、二〇一〇年
三上謙一郎『里も村も空襲された　記録・宮崎の空襲（二）』鉱脈社、一九八五年
都城市史編さん委員会編『都城市史　通史編　近現代』都城市、二〇〇五年
鹿児島市戦災復興誌編集委員会編『鹿児島市戦災復興誌』鹿児島市、一九八二年
鹿児島県の空襲を記録する会編『鹿児島県の空襲戦災の記録』同会、一九八四年
大田昌秀『那覇一〇・一〇大空襲　日米資料で明かす全容』久米書房、一九八四年
沖縄県教育庁文化財課史料編集班編『沖縄県史　資料編二三』沖縄県教育委員会、一九八四年
荒井信一『空爆の歴史』岩波書店、二〇〇八年
奥住喜重『中小都市空襲』三省堂、一九九八年
奥住喜重『B29　六四都市を焼く―一九四四年十一月より八月十五日まで』揺籃社、二〇〇六年
工藤洋三・奥住喜重『写真が語る日本空襲』現代史料出版、二〇〇八年
工藤洋三・金子力『原爆投下部隊―第五〇九混成群団と原爆・パンプキン』工藤洋三、二〇一三年
建設省編『戦災復興誌　四～一〇（都市編一～七）』都市計画協会、一九五九～六一年
小山仁示『日本空襲の全容　米軍資料　マリアナ基地B29部隊』東方出版、一九九五年
東京大空襲戦災資料センター編『東京・ゲルニカ・重慶―空襲から平和を考える』岩波書店、二〇〇九年
日本の空襲編集委員会編『日本の空襲　一～一〇』三省堂、一九八〇～八一年

（※文中の図版は省略）

5

季刊『戦争責任研究』第八二号（二〇一四年　日本の戦争責任資料センター）

日本空襲における民間人の被害について

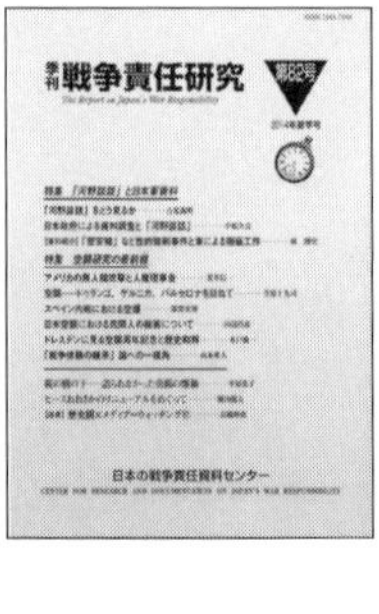

はじめに

ここでいう日本空襲とは、日本本土が受けた空襲だけではなく、日本の支配地全体に対する連合国の空襲をさしている。本稿では、一、東京区部の空襲被害、二、日本本土空襲の被害、三、日本の支配下にあって受けたアジアの人たちの空襲被害、の三つに分けて見ていきたい。それぞれについて、これまでの空襲研究の到達点を踏まえて、できる限り一般民間人の実相を明らかにするとともに、残された課題を明確にしていきたい。

1　東京区部の空襲被害

まず、東京空襲の死者数について、考えてみたい。死者の遺体数については、『戦災殃死者改葬事業始末記』の中の「災変別屍処理数一覧表」[1]に記録がある。これは空襲日毎に殉難者の処理内訳を書いたものである。そこでの殉難者総数は八万九四三〇人である。内訳は、屍のまま引き渡しが二六一六人、本火葬が四九九一人、現場火葬が三二〇五人、個別の仮埋葬が七九七五人、合葬の仮埋葬が七万〇六四三人となっている。つまり仮埋葬以外が、一万〇八一二人となっている。

仮埋葬された遺体は一九四八～五〇年度にかけて東京都の事業で改葬され、火葬された。その際、頭蓋骨の数で人数を数え直したといわれている。[2]東京都の改葬事業以外に、それ以前に竪川町会や遺族などにより、改葬された遺体もあった。さらに、区役所が扱った氏名不詳の遺体もあった。都などの改葬事業による個別埋葬の数の合計七四三八人は埋葬時の数とあまり変わりない。しかし、氏名不詳遺体の数は、都による七万三〇九二人、町会などによる六九八四人、区による六六九九人で、合計八万六七七五人となっており、埋葬時より約一万六〇〇〇人増えている。それだけ、合葬仮埋葬時に遺体が乱暴に扱われたことがわかるといえよう。

それで一九五二年五月一日現在の戦災死没者総数は一〇万四九〇八人となっている。[3]その後新たな遺体の発見などがあって、現在は約一〇万五四〇〇人といわれている。これが東京都の慰霊堂に合祀されている犠牲者の数となる。改葬された遺骨は一旦東京都の慰霊堂に置かれた。名前のわかる遺骨のうち、約三五〇〇人は遺族に渡されたが、約三九〇〇人の遺骨が慰霊堂に預けられたままである。名前のわからない遺骨のうち、申し出により遺族に四六九九人分が分骨され、[4]現在安置されている遺骨数は約八万二〇〇〇人である。合祀されている数を、この安置されている遺骨の数と取り違える誤りがあって、一〇万五四〇〇人に仮埋葬以外の一万人を足して、一一万五〇〇〇人が東京都区部の空襲死没者であるとされることがあるが、[5]これは根拠のない推定である。もちろん遺体のわからない死者もあるので、死者数が一〇万五四〇〇人をこえることは確かである。

しかし、一〇万五四〇〇人は、『太平洋戦争による我国の被害総合報告書』[6]の九万五三七四人、『警視庁史』[7]の九万四五九二人、帝都防空本部調査[8]の九万一四三六人などの記録による死者数より、はるかに多い。合葬仮埋葬が実施されたのは、三月一〇日の下町大空襲と四月一三～一四日の城北大空襲と五月二五～二六日の山手大空襲に限られ、その大部分は三月一〇日と思われるので、その日の死者数は約九万五〇〇〇人と推定される。したがって、約一〇万の死者がでたということは、正しいといってよいであろう。

このように日別の死者数はわかっても、仮埋葬地毎にしか死者数がわからないので、区別の死者数の正確な推定は無理である。東京都は「東京空襲犠牲者名簿」を作成しているが、その数は二〇一四年三月現在で、約八万〇一五〇人である。しかし氏名が公表されていないので、重複がないかは検証できない。この死者数は他の死者数と同じく、民間人の死者数である。空襲による軍人・軍属の戦死者は、歴史的経過もあって厳格に分けられており、慰霊堂ではなく、東京都戦没者霊苑において慰霊・追悼されている(9)。

東京区部の罹災者数は、帝都防空本部調査では三〇九万九四七七人、『東京都戦争被害』では二九四万四三四四人、『警視庁史』では二七七万七一七三人である。被害戸数は、帝都防空本部調査では八五万一〇七八戸、『東京都戦争被害』では六七万〇七九一戸、『太平洋戦争による我国の被害総合報告書』では六九万五二九九戸、『警視庁史』では七四万九五三〇戸である。

なお、宮城(皇居)は爆撃対象からはずされていたといわれている。アメリカ軍の上層部では、天皇を戦後日本支配に利用することを考えており、宮城が空襲の目標から外されていたことは事実ではある。しかし、実際には二月二五日、三月一〇日、四月一三〜一四日、五月二五〜二六日の空襲で被害を受けている。二月二五日には宮城では女官部屋に焼夷弾が落下し、全焼している。大宮御所には、衛兵所の真中に爆弾が落ち、衛兵休所一棟が破壊されて、吹き飛び、数名の死者と十数名の負傷者を出した(10)。三月一〇日には、宮内省主馬寮が焼失している。これは新聞に載った大本営発表がよく引用され、知られている(11)。四月一三〜一四日の空襲でも宮城と大宮御所・赤坂離宮に投弾され、火災が起きている(12)。四大手櫓門が焼失している。五月二四日には宮城御苑内の茶屋、赤坂離宮構内の付属建物一棟、東久邇宮邸などが焼失している(13)。そして五月二五〜二六日の空襲では正殿・寝殿・豊明殿など宮城の大部分と大宮御所・青山御所・東宮仮御殿・表町御殿のすべてが焼失し、さらに秩父宮邸、三笠宮邸、梨本宮邸、閑院宮邸・伏見宮邸・山階宮邸などが焼失するという大きな被害を受けた。警備に当たっていた近衛師団は、宮城で一一名、大宮御所で五名の戦死者を出している(14)。このように宮城などは実際に爆撃されており、単なる飛び火などによる延焼ではない。

2　本土空襲被害

一般の民間人の被害を明らかにすることが空襲研究の原点であった。Ｂ29爆撃機による本土空襲は、アメリカ軍資料の研究成果により、どのように空襲されたかは明らかになりつつある。しかし、日本についても、海軍の空母からの艦上機による空襲、硫黄島や沖縄からの小型陸上爆撃機や戦闘機による空襲は、アメリカ軍資料を使った研究は遅れており、解明途上にある。さらに日本本土周辺の島嶼への空襲については、千島列島に対する第一一空軍所属のＢ25・24爆撃機による空襲、第七空軍による東京都小笠原の父島・母島などへの空襲も概要[15]が紹介されているが、被害の実態はほとんど明らかにされていない。

まず、島嶼への空襲について、ごく少しであるが、解る限り紹介したい。一九四三年七月から、Ｂ25・24爆撃機による千島列島への爆撃が始まっていた。

一九四四年六月一五日には艦上機により小笠原や硫黄島への空襲があって、機銃掃射や、爆弾と焼夷弾も投下された。この空襲による小笠原での民間人の被害については、警視庁の記録がある[16]。これによると父島では、待避中に直撃弾を受けたり、機銃掃射により一七人が死亡し、九人が負傷し、一二三戸が焼失し、七〇戸が破壊され、罹災者は四六九人であった。母島では民間人三人が死亡し、五人が負傷した。その後も空襲が続くが、民間人の被害については不明である。

一九四四年八月一〇日にはＢ24爆撃機が硫黄島を爆撃し、一二日には小笠原の父島を爆撃している。一一月五日はＢ29爆撃機が硫黄島を爆撃している。飛行場や対空陣地に対する爆撃であったが、一九四五年二月一二日まで実施された。Ｂ24爆撃機の硫黄島への爆撃は二月二七日まで続いた。小笠原の父島・母島などへの爆撃はその後も三月三一日まで続けられ、Ｐ51戦闘機の空襲は五月二日まであった。母島の沖村市街地へのＢ24の空襲が一九四四年一〇月一七日から始まり一九四五年三月七日まで続けられ、Ｐ51戦闘機の空襲は三月一二日まであった。父島の大村市街地への空襲は、Ｐ51戦闘機が一九四五年一月一四日から三月一四日までであって、Ｂ24爆撃機の空襲は二月六日からはじまり、三月二四日まで続いた。三月二六日と二七日には母島の北村市街地がＰ51戦闘機により爆撃された。

沖縄への艦上機による空襲は一九四四年一〇月一〇日と一九四五年一月二二日などにあった[17]。那覇を中心に沖縄本島だけでなく、先島や鹿児島県奄美群島の一部まで爆撃された。その後一九四五年三月からは地上戦になった。沖縄への空襲による民間の被害は、一九四四年一〇月一〇日には、死者は那覇市の二五五人を含めて三三〇人で、負傷者は四五五人である。家屋の被害は一万一五六四戸である。一九四五年一月二二日の空襲では、被害は沖縄本島で死者三五人、負傷者三四〇人、建物被害は一三四棟であった。先島の宮古では死者二人、負傷者四人、建物被害は一棟であった。一九四四年一〇月一〇日に鹿児島県の奄美群島では一四人の死者、三七人の負傷者がでて、建物一戸が倒壊している。一九四五年一月二二日の空襲で奄美群島の喜界島では二三人の死者、一二人の負傷者をだし、徳之島では五一棟の建物が被害を受けた。

Ｂ29爆撃機による空襲の研究成果などを踏まえて、改めて、日本国内の一般の民間人の被害を、死者数を中心に見て行きたい。一般民間人も日本の戦争に協力していたわけであり、無辜の民ではないが、非戦闘員が戦争により被害を受けた意味を押さえなければならない。さまざまな推定がなされているけれども、ここでは推定として置いておいて、記録でどこまで明らかになるかを試みたい。また、東京都の場合は民間人と軍人・軍属との区別を明確にしようとしていたが、ここでも軍人・軍属の死者数は、わかる限り除いて、考えていきたい。

また、原爆は別にして、焼夷弾や通常爆弾による一般空襲についてのみ取り上げていきたい。というのは諸集計において、原爆の死者の数え方がばらばらであり、直後の集計の約五万五〇〇〇人から、被爆して亡くなった全員の約三三万人まであって、あまりにも開きが大きい。

原爆の死者を除く諸調査の死者数の差は僅か数万人である。第一復員省が一九四五年一一月に作成した「大東亜戦争戦災害状況概見図」に記載された死者数では一八万二六一九八人、一九四七年の「アメリカ戦略爆撃調査団報告」に記載された死者数では一八万二五九三人、一九四九年四月に経済安定本部が作成した『太平洋戦争による我国の被害総合報告書』に記載された死者数では、一七万五九三五人、全国戦災都市連盟が一九五六年一〇月に建立した「太平洋戦全国戦災都市空爆死没者慰霊塔」の側柱に刻まれた死者数では一七万五九三五人、一九五九年発行の建設省編『戦災復興誌』に記載された、建設省計画局区画整理課調べの戦災都市の死者数では、一七万八五〇二人、一九七七年度に日本戦災遺族会が調査した「全国戦災都市別被害状況表」に記載された死者数では一八万六四一四人、一九八一年一〇月三省堂刊の『日本の空襲』の「全国都市の被災一覧」に記載された死者数では一八万一六九九人、一九九四年八月の『東京新聞』の調査による死者数では、二二万三八二七人である。『東京新聞』の数字が大きいのは、東京・横浜・福岡などで、記録に根拠ある数ではなく推定の数字をとったことと、豊川・津・舞鶴・大阪・徳山・光などで、民間人だけでなく軍人・軍属も入れているためである。

新たな、各地域での研究をふまえて、現在わかっている限りでは、当時の八二八の市町村、現在の五五〇の市町村で、二〇万二九七五人の一般の民間人が、通常爆弾や焼夷弾の投下や機銃掃射および艦砲射撃により亡くなっている。各地域の公開されている記録には精粗があって、小さな空襲の見落としもあるし、軍人・軍属の死者数を完全には抜くことができていないので、一般民間人の死者数にはまだ変動がある。もちろんこの空襲の直接の死者以外に、その怪我などが遠因で亡くなる人も多いが、それは別にしている。また、戦争の間接的影響で、結核などの病気や栄養失調で亡くなった民間人も多い。

被害を大きくした主要因は、爆撃した側の問題である。戦争目的と戦争手段の問題として整理して考える必要がある。中山伊佐男氏は東京大空襲などを、「住民標的爆撃」、「住民選別爆撃」であったと規定されている[18]。市街地空襲は郊外や市外にあった重要な軍需工場や軍隊の衛戍地を爆撃から外している場合が多いことは事実である。また、単なる無差別爆撃ではなく、地域を焼き払う「絨毯爆撃」であったことも確かである。しかし市街地のなかにあった軍需工場などをわざわざ外して住民と家屋のみを爆撃しているわけではない。

それとともに、被害を大きくした日本側の問題も考える必要がある。国民を国家防衛に動員し、焼夷弾は危険でないとして、逃げないで、初期消火に当たらせたことが、犠牲を大きくした。もっとも、「三月一〇日ノ空襲火災ガ多数ノ死傷者ヲ出シタルノ恐怖心ハ避難ニ専念セシメ初期防火ハ失敗ニ終リタリ」と消防の記録[19]にあるように、東京山手の市民は逃げ出し犠牲を少なくしている。また、同じ記録には「三月日ノ空襲災害ハ一般民家ト共ニ重要工場ノ大半ヲモ」焼失したことを教訓に、四月以降は重要軍需工場など「重要警備対象建物」に「官設消防隊ノ事前ニ重点移動配備並其ノ防禦戦法ヲ重点部隊集中的ニ切換」えたとある。五月二四日の空襲でも重要軍需工場を守るために「一般の延焼を放任せること[20]」とあるように、民間居住地の火災を放置し民家の被害を大きくした。

戦争中での、新聞報道では、日本の本土空襲については、死者数など人的被害はほとんど紹介されていないが、焼失戸数、戦災者数、神社・寺院・教会・病院などの被害についてはは、すぐにではないが、一九四五年四月二五日と六月一〇日に大都市爆撃についての記事がある[21]。それによると、四月一六日までの、一二回の大都市爆撃で、七七万戸を焼失して、戦災者は三一〇万人であり、四月一六日~五月二九日までの大都市爆撃で、焼失四二万五〇〇〇戸、戦災者一七九万人とされている。

内務省が一九四五年一〇月二六日にまとめた空襲被害統計[22]では、日本全国の家屋被害は約二四三万九七六四戸で、市制施行地域の罹災者は八七五万四〇四一人で、被害戸数は二二六万七五一四戸である。『太平洋戦争による我国の被害総合報告書』では被害戸数は二三六万一九〇六戸となっている。

八月七日の、中小都市爆撃について記事では、文化破壊とともに何ヵ所かの戦災死者数をあげながら、全国的には国民初等科以下の幼少児の戦災死は全体の約二割五分、女子のそれは五割五分乃至六割になるとしている[23]。

日本は連合国の空襲が非人道的であると非難するために、空襲被害を記録しており、その一部を公表していた。軍の指示と許可の下、東方社や国防写真隊によって撮影された空襲被害の記録写真も同じ目的のためであった[24]。

3　日本支配地全体への空襲

アメリカ軍など連合国による空襲は日本本土だけではなく、日本の支配地域全体に対するものであった。そのことの解明の必要性はすでにいわれているがほとんど進んでいない。中国の場合でも、日本軍による重慶などへの空襲の実態は一九八〇年代以降研究が進められ、大分明らかになっている[25]。インドのカラグプールや中国の成都からのB29爆撃機による空襲については今井清一氏の研究[26]があるがそれ以外の空襲についてはない。さらに、台湾空襲[27]を除いて、香港・広東・武漢などの中国における日本支配地域での空襲被害については、中国・日本とも全く研究がないといってよい程である。これはベトナムなど東南アジアについても同じである。以下、同盟通信社の雑誌『同盟時事月報』や朝日新聞東京本社版の縮刷版によって、全貌ではなく断片的であるが、被害を紹介していきたい。

中国の広東省の広州市へは、一九四三年五月八日にB25など爆撃機七機とP40戦闘機数機が市内繁華街に数十発の爆弾を投下するとともに機銃掃射をし、多数の民衆が殺傷された。これは「五八爆撃の惨状」として後まで広州市民に記憶されたという[28]。六月一五日には爆撃機一〇機の空襲で民衆数名が殺傷され、七月五日にはB24・25爆撃機二十数機が爆撃し若干の死傷者がでて、八日にはB24爆撃機十数機が爆撃し市民百数十人が殺傷され、九月七日にも百数十人の死傷者がでて、九月三〇日～一〇月三日にかけては病院や学校が爆撃され、多数の死傷者がでている。

広東省の湛江市は、一九四三年四月九日に、P40戦闘機八機による焼夷弾の投下と機銃掃射で多数のベトナム人が殺傷され、中国人家屋に相当の損害がでた。広東省の汕頭市では、一九四三年一一月一六日にB25爆撃機二機の爆撃で市民多数が殺傷され、一九四四年一月一一日には、住宅街・中国人市場などに十数発の爆弾が投下され、多数の家屋が倒壊し、市民多数が殺傷され、一〇月一六日には爆撃機一四機の空襲で民家三〇戸が全半焼し、中国人六〇人が死傷した。

江西省では、一九四四年八月一三日にP40戦闘機一二機による焼夷弾投下や機銃掃射で数十人が犠牲となった。

河南省では、一九四四年七月一四日にB25爆撃機六機、P40戦闘機三機が新郷の民家密集地を空襲し、停車場の乗客や付近の住民に相当の被害がでて、九月八日に、新郷・鄭州・邯鄲などを爆撃機が空襲し、日本人、中国人におのおの一〇人内外の死傷者がでた。

湖南省平江では、一九四四年六月三日にB25爆撃機六機、P40戦闘機一八機が市街を爆撃し多数の市民を殺傷するとともに、難民の列に機銃掃射した。

武漢では、一九四三年一二月一二日の未明に十数機が十数発の爆弾を投下し、四人の中国人が負傷し、同日の夜にはB25・24爆撃機数機が爆弾を投下し、若干の負傷者がでている。一九四四年六月には、一三日に戦闘機・爆撃機三三機の空襲で中国の農民数名を殺傷し、二四日にはB24爆撃機十数機の空襲で天主堂・小学校や中国人家屋数一〇戸が焼失し、中国人の死傷者は数十人に及んだ。二六日にはB24爆撃機八機の空襲で日本人家屋数戸と中国人家屋数十戸が焼失した。

武漢の漢口への空襲では、一九四四年一一月二四日にB25・24爆撃機十数機による爆撃があって、病院・旅館・銀行が破壊され、民衆に相当の被害がでている。一二月一八日には爆撃機B29を中心とする絨毯爆撃により、焦土と化している。これは日本の都市空襲の先駆けをなすものである。しかし、その被害の規模は不明である。

香港では、一九四三年八月二五日に戦爆連合の二四機の空襲により若干の中国人が死傷し、一九四五年一月二一日には、B24爆撃機二十数機が中国人住宅区域を盲爆し、中国人約一〇〇〇人が亡くなり、約三〇〇〇人が負傷し、家屋五〇〇戸が破壊された。香港近海では一九四四年一二月二四日に日本船が爆撃されて沈没し、中国人や外国人など多数が死傷し、漂流中の乗客も銃撃された。

マカオでは一九四五年一月一六日に、艦上機二十数機が銃爆撃し、市民多数が殺傷され、二月二五日には、B24爆撃機が市内繁華街や埠頭を銃爆撃し、マスパット号も銃撃され、乗組員六人が重傷を負い、中国人数十人が殺傷された。

インドシナ北部への空襲では、一九四三年五月四日にアメリカ軍機が田圃の道路に爆弾を投下し、機銃掃射もして、ベトナムの民衆を負傷させた。九日の空襲でも爆弾投下で民衆数名を負傷させ、一〇日にも六機が機銃掃射し民衆に死傷者がでた。六月一一日の空襲では、二村落での機銃掃射により若干のベトナム人が死傷した。七月八日にはハイフォンへの空襲でベトナム人二〇人が亡くなり、五〇人が負傷し、一一日の空襲では、フランス人二人が死亡し、ベトナム人四人が負傷し、一二日の空襲では、ベトナム人三人が亡くなり、五人が負傷し、二七日にはベトナム人五人が亡くなり、一〇人が負傷した。

八月三一日にはハノイで機銃掃射により、ベトナム人一八人の負傷者がでている。一〇月一日ハイフォンでB24爆撃機一八機とP40・38戦闘機二十数機の戦爆連合四十数機の空襲により、若干のベトナム人が死傷し、八日にはハノイでB24爆撃機九機とP40戦闘機一〇機、P38戦闘機数機の戦爆連合二十数機の空襲により若干のベトナム人が死傷し、一〇日にはハイフォンでB24爆撃機とP40・38戦闘機の戦爆連合二十数機の空襲により、相当数のベトナム人市民が犠牲となり、二四日にはハノイでB24爆撃機一四機とP40戦闘機若干による空襲で若干のベトナム人が死傷し、二五日にはハイフォンでB24爆撃機一三機とP40戦闘機六機の空襲により、駅とベトナム人集落が空襲被害を受け若干のベトナム人が死傷した。一二月一〇日にはB25爆撃一〇機とP40戦闘機二機が武玉安病院や住宅に五〇キロ爆弾と焼夷弾を投下、ハノイのベトナム人とフランス人に多数の負傷者がでて、一二日にはハノイにB25爆撃八機とP40戦闘機四機が爆弾と焼夷弾を投下し､ベトナム人四〇〇人あまりを殺傷し､ベトナム人家屋を多数焼いた。一九四四年二月六日に旅客列車が攻撃され、ベトナム人九人が亡くなり、三七人が負傷し、フランス人三人が負傷した。三月二七日にはB25爆撃機数機が爆撃し、農家が焼失し、農民数人が死傷した。四月三日には竹筏が機銃掃射を受け、死者八人、負傷者九人をだし、七日にはB25爆撃四機がトンキン湾の中国人漁船へ爆弾を投下し、一三人が亡くなり、多数の負傷者がでて、八日にはB24爆撃機など十数機がハノイのベトナム人商店街を爆撃し、教会を破壊し、ベトナム人二九人が死亡し、多数が負傷し、フランス人一人が死亡し、一四人が重傷を負った。五月一二日にはトンキン地方が爆撃され、死者数人と負傷者一二人がでて、二五日には爆撃と機銃掃射により、ナムディンで二人が殺傷され、タンホアでは三人が負傷した。六月一二日には爆撃により、ベトナム人数人が死亡し、一二人が負傷した。七月七日の空襲では死者一三人、重傷者一三人がで、八日の空襲では死者七人、重傷者三五人がでて、九日のB25爆撃五機による爆撃と機銃掃射で民衆一五〇人が殺傷され、二九日と三〇日のトンキンへの空襲でベトナム人の死者二八人、負傷者二九人、フランス人一人の死者をだしている。九月一日〜一五日にかけてP38・40戦闘機七五機、B24・25爆撃機一八機など合計九三機の空襲があり、一八人の死者と四九人の重傷者がでている。一一月一～一〇日にかけて四〇回の空襲があって、P38・40戦闘機七二機が爆撃し、ベトナムの民衆に死傷者がで、二一～三〇日にかけて五四回の空襲があって、B24爆撃機六八機、B25爆撃四一機など合計二一三機が爆撃し、ベトナム人一〇〇人あまりが死傷した。

インドシナ南部への空襲は一九四四年六月五日にB24爆撃機がサイゴン・ショロン中間地区を爆撃したのが始めてで、ベトナム人の集落が焼失し、二〇〇人以上が死傷した。一九四五年一月二七日には爆撃機がサイゴンなどの繁華街を盲爆し、若干の死者をだし、二月七日には爆撃機三〇機が盲爆し、民家が被害をうけベトナム人とフランス人に若干の負傷者がでた。

シンガポールでは、一九四五年一月一一日にB29爆撃機が市街を無差別爆撃をし、二十数戸が倒壊し、市民数十人が死傷した。

北ボルネオのアビ地区では一九四五年二月二一日に四〇機が病院を盲爆するとともに、マレー人の住宅地を銃撃し、若干の死傷者を出している。

タイへの空襲では、一九四四年四月二三、二四日には北部で機銃掃射により民衆に死傷者がでている。二五日には、タイ北部のウッタラディット付近のバンダラ橋で旅客列車が銃爆撃され、乗客に死者一〇名と負傷者多数がでている。九月二四日には北部のチエンライで空襲の銃爆撃により、若干の家屋が破壊され、若干の死傷者がでている。一一月二七日にはバンコックが空襲され、若干の死傷者がでている。

フィリピンでは一九四四年九月四日にダバオで四〇機が病院などを爆撃し、若干の死傷者をだし、一一月二四日にはセブでB25爆撃一六機、P38戦闘機三機が病院を盲爆し、患者二五人が死傷した。一九四五年二月一〇日にはルソン島の教会を銃爆撃し尼僧数名を殺傷した。

台湾へのアメリカ軍の空襲は、一九四三年一一月二五日にB25爆撃機などによる新竹航空基地への空爆が最初であった。一九四四年一〇月一二～一四日には、沖縄に続いて、艦上機による爆撃があった。一九四四年一〇月一四日から一九四五年一月一七日にかけて、飛行場などがB29爆撃機の爆撃をうけた。一九四五年一月から八月までB24爆撃機を中心とする空襲が続くが、五月三一日が最大の空襲で台北の中心部などの市街地を爆撃した。

被害については一九四四年一〇月一二〜一四日の艦上機による空襲で、三八一人の死者、三四八人の負傷者、一九四九戸が焼失したことが、内務省の記録にある。[29]この被害は公表されて、新聞でも報道された。[30]一九四五年一月一五日の艦上機による空襲では三〇人の市民が死傷し、一月一七日にはB29爆撃機が新竹州を空爆し市民四〇人が死傷した。洪致文氏の研究によれば五月三一日の台湾最大の空襲では三〇〇〇人以上が死んだともいわれている。

日本支配地の被害に関連して、東京大空襲・戦災資料センターの「東方社コレクション」の中には香港・広東・武漢・ベトナム・タイなどにおけるアメリカ軍による空襲被害の写真がある。[31]

おわりに

一般民間人の死者数を中心にできる限り明らかにしてきた。しかし、国内もまだ不完全であるが、特に日本支配地全体の被害の全貌を明らかにすることはできず、課題に残した。これは私個人では解決できないものであり、日本史だけでなく、さまざまな専門の歴史研究者の実証的な研究の進展を期待したい。

(1) 財団法人東京都慰霊協会編・刊『戦災殃死者改葬事業始末記』(一九八五年)三六〜三八頁。
(2) 前同書五頁。
(3) 前同書四一頁。
(4) 東京都編・刊『東京都戦災誌』(一九五三年)五二九頁。
(5) 東京都江戸東京博物館『東京大空襲—戦時下の市民生活』(財団法人江戸東京歴史財団、一九九五年)、早乙女勝元著『図説　東京大空襲』(河出書房新社、二〇〇三年)など。
(6) 東京大空襲・戦災誌編集委員会編『東京大空襲・戦災誌』第三巻(東京空襲を記録する会、一九七三年)四一七頁。
(7) 警視庁史編さん委員会編・刊『警視庁史』昭和前編(一九六二年)一〇二五頁。
(8) 前掲『東京都戦災誌』付表。
(9) 「東京空襲犠牲者名簿について」(東京都生活文化局のホームページ掲載)最終閲覧二〇一四年三月一八日。
(10) 「東久邇宮日誌」一九四五年二月二六日(公益財団法人

政治経済研究所付属東京大空襲・戦災資料センター戦争災害研究室編・刊『東方社と日本写真公社の防空・空襲被害写真』二〇一三年）五三頁。

（11）『朝日新聞』一九四五年三月一一日付など。

（12）『朝日新聞』一九四五年四月一五日付など。

（13）『朝日新聞』一九四五年五月二五日付など。

（14）東京師管区参謀長「五月二十五日敵機来襲ニ依ル被害状況」、東軍管司「五月廿五日空襲災害処理経過概要」（防衛研究所蔵、陸空―本土防空―七七『東京空襲関係綴』所収）。

（15）「第二次大戦に於けるアメリカ陸軍航空軍戦闘日誌（対本土作戦のみ）」（青森空襲を記録する会のホームページ掲載）最終閲覧二〇一四年三月二二日。

（16）警視庁警務部長「警備総第八六号　小笠原島ニ於ケル空襲被害並警備状況報告」（前掲『東京大空襲・戦災誌』第三巻）二二六頁。

（17）沖縄県教育庁文化財課史料編集班編『沖縄県史』資料編二三（沖縄県教育委員会、一九八四年）六〇四〜六四五頁。

（18）中山伊佐男著「日本への住民選別爆撃の実相―米軍資料研究から」（財団法人政治経済研究所付属東京大空襲・戦災資料センター編・刊『第三回無差別爆撃シンポジウム「「無差別爆撃」の転回点―ドイツ・日本都市空襲の位置づけを問う」報告書』二〇〇九年）二二一頁。

（19）警視庁消防部「消教務三三二号　四月十三　十四日敵機ノ東京地方ニ於ケル夜間爆撃下ノ消防活動ヨリ得タル教訓ニ関スル件」（『東京大空襲・戦災誌』第三巻）二六七頁。

（20）警視庁消防部「消教務四六九号　五月二十四日未明敵機ノ帝都空襲時ニ於ケル消防活動概況ニ関スル件」。

（21）『朝日新聞』一九四五年四月二五日付と六月一〇日付。

（22）「空襲被害統計ニ関スル件」（国立公文書館デジタルアーカイブ）最終閲覧二〇一四年三月二二日。

（23）『朝日新聞』一九四五年八月七日付。

（24）公益財団法人政治経済研究所付属東京大空襲・戦災資料センター戦争災害研究室編・刊『アメリカ軍無差別爆撃の写真記録―東方社と国防写真隊―』（二〇一二年）。

（25）戦争と空爆問題研究会編『重慶爆撃とは何だったのか　もうひとつの日中戦争』（高文研、二〇〇九年）。

（26）今井清一著「成都基地B29の対日爆撃：一覧と推移」（空襲・戦災を記録する会全国連絡会議編『空襲通信』第二号、二〇〇〇年）。

（27）洪致文著「第二次世界大戦中の台湾への空襲」（財団法人政治経済研究所付属東京大空襲・戦災資料センター戦争災害研究室編・刊『第四回シンポジウム「帝国と空襲―イギリス・台湾空襲を検証する」報告書』二〇一一年）。

（28）井上祐子著「中国の人びとの暮らしと戦争被害」（公益財団法人政治経済研究所付属東京大空襲・戦災資料センター戦争災害研究室編・刊『戦中・戦後の記録写真―「東方社コレクション」の全貌』二〇一四年）四一頁。

（29）内務省管理局「台湾空襲被害ニ関スル件」（国立公文書館デジタルアーカイブ）最終閲覧二〇一四年三月二二日。

（30）『朝日新聞』一九四四年一〇月二五日付。

（31）『戦中・戦後の記録写真―「東方社コレクション」の全貌』。

6

『歴史地理教育　第八一八号』（二〇一四年四月　歴史教育者協議会）

新公開戦災資料により、空襲被害の実相を伝える

一九七〇年に「東京空襲を記録する会」ができ、七一年には「空襲を記録する会全国連絡会議」が結成され、『東京大空襲・戦災誌』が七三・七四年に刊行されており、空襲研究がはじまってからすでに四〇年がたっている。

当初は空襲体験記の収集が重点であった。やがて日本側の戦災記録を発掘して紹介するとともに、アメリカ側の爆撃記録も徐々に公開された。当初はアメリカ陸軍の戦史などによっていたが、日本空襲の主役であったB29爆撃機の「作戦任務報告書」が紹介され、やがて「空襲損害評価報告書」も公開され利用されるようになった。これらを使った研究が進展し、日本本土がどのように爆撃されたかの解明が進んだ。しかし、B29以外による空襲、空母からの艦上機による空襲や、硫黄島・沖縄からの小型陸上爆撃機・戦闘機による空襲については、資料紹介や研究は遅れており、解明途上にある。本土だけでなく、日本の支配地全体の空襲被害研究は、まだこれからである。

四〇年前の、空襲研究初期に体験記を利用して書かれた本は、空襲被害の悲惨さをよく伝えており、今でも価値を失っていない。しかし、そこで書かれたアメリカ軍の市街地爆撃のやり方については正確でない叙述がある。たとえば「敵は最初に環状に火の雨を降らせ、火の壁で

周囲をふさぎ、その中心にむかって集中してくる群衆の頭上に、無差別爆撃を決行しようというわけである」と書かれている。

その後、一九九〇年刊の奥住喜重・早乙女勝元著『東京を爆撃せよ―作戦任務報告書は語る』では「報告書に見る限り、そのようなことは書いていない。市民の言葉は、いわば心理的事実であって、ただならぬ気配に驚いて見渡す周囲にはすでに火の手が上がっており、やがて自身のいる所も火に呑み込まれていった、その印象を反映しているのである」とその誤りが指摘されている。爆撃の仕方は、まず爆撃の中心点をめざして大型焼夷弾を投下し、それにより消火活動を麻痺させ、その火災を目印にして周囲に大量の小型焼夷弾をばらまき、目標地域全体を焼き尽くそうとした。このことは当時の日本側の記録にも明らかである。

「東京空襲を記録する会」が収集したけれども、『東京大空襲・戦災誌』には収録されないで「東京大空襲・戦災資料センター」に引き継がれた資料に、東京の山手大空襲の消防記録「消教務第四六九号　五月二十四日未明敵機の帝都空襲時に於ける消防活動概況に関する件」がある。そこには「今回は大型弾を多数使用、最初大型弾を投下し初期防火を困難ならしめ、連続小型弾を使用し、其の戦法愈々巧妙大胆を極めたり」とあるように、日本側にもアメリカ軍の「絨毯爆撃」のやり方が明確に見えていたのである。

しかし、今でも先に見た間違いを信じている人は多い。体験者の証言で語られたり、体験記にも書かれたりしている。その意味でも、文献資料のみならず、体験証言についても、あとから聞いたことではなく、何が直接体験した事実であるかを明確にする史料批判が必要である。

また、前掲の消防の記録には五月二四日の空襲で、「三月一〇日の空襲被害は画域焼夷攻撃に対して一隊二隊単位の各個撃破戦法が重要地区一般居住地区共倒れの教訓…に依り…部隊の集団威力の重点運用」をして「七十余工場を死守し得た」が、「部隊の重点運用せるため一般の延焼を放任せる」ことになり、「目黒品川地区の延焼拡大」させ、被害を大きくしたことが書かれている。警察が住民に消火のために踏みとどまらせて犠牲を大きくしたことは、各地の記録によく出てくることである。このように日本側の記録にも、政府や警察・消防も国民を守ることを軽視し、被害を大きくしていったことを示す記録がある。

さらに、陸軍の下で対外宣伝雑誌『フロント』の編集・発行をしていた「東方社」写真部が撮影したネガフィルムが二〇一一年に「東京大空襲・戦災資料センター」に寄贈され、整理が済み公開された。その中には軍の許可がなければ撮れないような東京空襲被害記録写真がある。また、政府の広報写真雑誌『写真週報』の写真を撮っていた「日本写真公社」撮影の東京空襲被害の写真も、以前から「東京大空襲・戦災資料センター」に所蔵されていたものであるが、再整理が済み使いやすくなった。

多くの体験記は焼夷弾の集中投下によって地域を焼き払う「絨毯爆撃」のありさまや、戦場掃除のように遺体が乱暴に扱われた様子などを生々しく伝えており、そこから学ぶことも大切である。それとともに、広い範囲のアメリカ軍資料を使った研究成果と、新しく発掘されたり、従来から紹介されてきた日本側の文書や写真の記録を見直すこととを結びつけて、空襲における民間人の被害の実相を正確に伝えることが研究でも歴史教育でも求められている。

7

国際シンポジウム『世界の被災都市は空襲をどう伝えてきたのか』報告書
（二〇〇九年三月　政治経済研究所付属東京大空襲・戦災資料センター）

日本の「平和のための博物館」における空襲研究と展示の歴史と現状

国際シンポジウム
「世界の被災都市は空襲をどう伝えてきたのか
報告書
財団法人　政治経済研究所付属
東京大空襲・戦災資料センター
戦争災害研究室
2009年3月10日

はじめに

本報告では、日本の「平和のための博物館」における空襲研究と展示の歴史と現状を紹介することを課題としたい。「平和のための博物館」とは、「戦争の悲惨さと平和の尊さ」を伝える趣旨で、戦争展示などの、戦争についての取り組みをしている博物館のことである。その中には、平和専門の平和博物館と、歴史博物館であって、戦争を否定する平和の立場から、戦争について積極的に取り組んでいる博物館とがある。平和専門の博物館については、名前は博物館でなく、資料館とか、センターとか、名乗っていても、博物館としての機能を果たしている館も、平和博物館に含めて考えている。日本の「平和のための博物館」で空襲についての取り組みがはじまるのは、一九八〇年代に入ってからである。ここでは、それ以前の「空襲を記録する会」での研究や展示も併せてみていくが、その後「空襲を記録する会」などの市民運動の中での展示や研究については、それ自身大きな課題であり、ここではほとんどふれることはできない。

また、東京空襲についての取り組みを中心にするが、特に一九八〇・九〇年代など初期では、東京の取り組みは立ち後れており、この時期は大阪などが先進的な取り組みをしている。そのような状況もあるので、東京のみではなく、日本全体での取り組みをもできる限り、紹介していきたい。さらに、日本が受けた空襲のみでなく、重慶爆撃など、日本がおこなった空襲についての研究や展示にも触れるとともに、無差別爆撃の歴史の中に、日本空襲を位置づける試みも併せてみていきたい。

1　前史

東京大空襲についての本格的な研究が始まったのは一九七〇年代になってからである。ベトナム戦争が拡大し、北爆などアメリカ軍による激しい爆撃がなされた。これを契機に、アメリカ軍による東京空襲を見直し、戦争の性格を明らかにするだけでなく、戦争の遂行の仕方、具体的には市街地爆撃で民間人への大きな被害をもたらしていることを重視し、その実態を明らかにしようとする気運が生まれた。これにより、それまで取り組まれてきた、空襲の記録を調べたり、被害の体験を書き残そうという動きが市民運動となっていった。一九七〇年八月に「東京空襲を記録する会」が結成された。会は東京都の補助を受けて、空襲体験者の手記を集めるとともに、日本やアメリカの記録を収集・整理し、これらを収録する『東京大空襲・戦災誌』を一九七三・七四年に刊行した。このような形で、空襲研究は大学のアカデミズムの中ではなく、市民運動の中で研究がはじめられ、進められていった。

「東京空襲を記録する会」に刺激されて、東京以外の地域でも、空襲を記録する市民の運動が起き、会が結成された。自治体と共同で、戦災誌の編纂が進められたところもあった。その中で、「空襲・戦災を記録する会全国連絡会議」がつくられ、第一回の大会が一九七一年八月に開催された。この大会は現在まで毎年開かれている。

その後、「東京空襲を記録する会」は、引き続き資料を収集するとともに、東京都に空襲・戦災記念館をつくらせる運動を続けたが、実現させることはできなかった。そのような事情があって、東京空襲の研究は早くから始まったが停滞し、大阪・横浜などが研究を主導するようになっていった。大阪では小山仁示氏、横浜では今井清一氏らの歴史研究者が、空襲の国際法を含めて空襲研究を進めていった。「空襲・戦災を記録する会全国連絡会議」も横浜などが運営の中心を担った。これは東京の会が必ずしも研究者を中心として恒常的に研究を進めていくような会ではなく、出版活動に重点が置かれていたことが影響している。「東京空襲を記録する会」など各地の記録する会と「空襲・戦災を記録する会全国連絡会議」は朝日新聞社と提携し、一九七〇年代初めと一九八五年に空襲展を開催した。これは東京のみでなく、千葉、横浜、静岡、名古屋、大阪、神戸、岡山、福岡などでも開催された。空襲展は戦争を展示で伝える試みの先駆けとなった。各地で市民団体による空襲展が続けられたが、東京でも、台東区の「東京大空襲資料展」や江東区の「再び許すな東京大空襲」展など、地域で空襲展が続けられた。

2　大阪などでの取り組み

東京では地方自治体による戦災の記念館や資料館はできなかったが、一九八〇年代の初めに、大阪府、神戸市、仙台市に、大阪府平和祈念戦争資料室、神戸市戦災記念資料室、仙台市戦災復興記念館という戦災関係の記念館や資料館がつくられた。一九八〇年代の末には浜松復興記念館ができている。

大阪府平和祈念戦争資料室は一九八一年八月に開設され、設置理念で日本の加害責任を明記した。資料室は、アメリカ国立公文書館にある第21爆撃機軍団・第20航空軍の作戦任務報告書、空軍歴史研究センターにある第21爆撃機軍団・第20航空軍の戦記と資料、作戦任務要約、作戦任務概要などの、アメリカ側の空襲関係資料を、大阪を主にしつつも広く収集した。小山仁示氏を代表者とする「大阪空襲研究会」を組織し、大阪空襲の作戦任務報告書を翻訳し一九八五年三月に『大阪大空襲に関するアメリカ軍資料―アメリカ第21爆撃機軍団戦術作戦任務報告』を刊行した。一九九〇年三月には、アメリカ戦略爆撃調査団が収集した資料などを収録した『太平洋戦争期の町会・防空資料』を刊行している。アメリカ側の資料のみでなく、防衛研究所戦史部から中部軍防空資料などを収集している。

平和祈念戦争資料室の設立懇談会の委員の提案で、広島にならって、空襲体験画を描く運動が「大阪大空襲の体験を語る会」により取り組まれ、一九八三年『画集大阪大空襲の記録』が三省堂から刊行された。

このように、展示のみでなく、調査・研究機能を持った博物館のような公立の施設ができたことが、大阪を中心に、空襲研究が進展した大きな要因であった。

大阪府平和祈念戦争資料室は一九九一年に大阪国際平和センター（ピースおおさか）へと発展した。国際平和センターは引き続き、アメリカ戦略爆撃調査団の太平洋戦争に関する調査報告と基礎資料など空襲関係資料の収集を進めた。国際平和センターは大阪国際平和研究所を付属機関としてもっており、研究紀要『戦争と平和』を一九九二年以来毎年刊行している。「一五年戦争研究会」が組織され、恒常的に研究会を開催すると共に、その成果を『戦争と平和』に発表している。

『戦争と平和』に掲載された空襲関係の論文には次のようなものがある。

横山篤夫「地車も焼いた岸和田の空襲」（第三号、一九九三年刊、所収）

小山仁示「大阪湾岸地域に対する空襲」（第五号、一九九六年刊、所収）

佐々木和子「B29による大阪への初期爆撃」（第一三号、二〇〇四年刊、所収）

大谷渡「不発弾による犠牲者の記録」（第一四号、二〇〇五年刊、所収）

佐々木和子「空襲を語り継ぐために—大阪空襲死没者名簿編纂事業をおえて」（第一四号、二〇〇五年刊、所収）

浅田利器「太平洋戦争末期の日本軍対空砲火—マリアナ基地の米軍資料」（第一四号、二〇〇五年刊、所収）

小山仁示「自治体史における空襲・戦災の叙述について—『姫路市史』の場合」（第一五号、二〇〇六年刊、所収）

小山仁示「一・一九明石大空襲をめぐって」（第一六号、二〇〇七年刊、所収）

佐々木和子「空襲を伝えるために—ピースおおさか所蔵資料の活用をめぐって、神戸空襲の場合」（第一七号、二〇〇八年刊、所収）

このように、大阪のみでなく、大阪湾岸地域に広げて、研究している。また、爆撃をしたアメリカ軍の資料と日本側の資料をつきあわせて空襲の実態を明らかにするような研究が進められている。ただし、大阪は日本側の史料として警察局の史料があって、アメリカ軍の史料との突き合わせが可能であるが、神戸は日本側の記録がなく、この突き合わせができない。

大阪国際平和センターの常設展示は、大阪空襲と日本軍の加害が中心である。大阪空襲についての展示では、被災品、爆弾、一トン爆弾や焼夷弾の模型、被災したミナミの街の俯瞰縮小模型などとともに、体験画、空襲の死者の名簿も展示していることが特徴的である。大阪空襲死没者名簿編纂も担当し、大阪空襲死没者のモニュメントも中庭に建設された。大阪国際平和センターは多彩な事業を展開している。特別展を数多く開催してきているが、近年は独自の調査を踏まえたり、収蔵資料を使った一五年戦争関係のものが増えている。しかし、いずれの特別展も図録を刊行していない。空襲関係の特別展としては、二〇〇四年に「大阪大空襲―体験画が語る空襲の証言」を開催している。二〇〇七年には「戦争体験画展―兵士が見た太平洋戦争　少年が見た大阪大空襲」を開催し、水速信孝氏の大阪大空襲と学童疎開の体験画とともに、平岡潤氏の絵本『夜が明けて　わたしと大阪大空襲』の原画も展示した。二〇〇八年には「写真と絵で見る大阪―戦前・戦後・そして今」を開催し、空襲後の焼けあとの写真や空襲の体験画などを展示した。

特別展以外の事業では、大阪空襲の三月一三日の記念日にも平和祈念行事を開催し、体験者の講演などをしている。また、フィールドワークでは、空襲の被災跡をめぐる遺跡巡りをおこなっている。

博物館以外で、大阪空襲の研究を集大成したものは、小山仁示著『改訂版大阪大空襲―大阪が壊滅した日』（東方出版、一九八九年刊）と小山仁示著『空襲と動員』（解放出版社、二〇〇五年刊）である。神戸空襲の研究をまとめたものは神戸空襲を記録する会編『神戸大空襲』（神戸新聞総合出版センター、二〇〇五年刊）である。B29以外の、小型の陸上機、艦上機による爆撃については、尼崎の辻川敦氏の研究「阪神間の戦術爆撃」（『歴史と神戸』第三一巻第三号、一九九二年六月刊、所収）がある。

3　他地域の取り組み

ここで、東京についてはあとで詳しく見ることにして、大阪に続けて、日本全体を概観しておきたい。

平和博物館の中で、空襲に比重を置いて展示しているものは次のような館がある。

埼玉県平和資料館／姫路市平和資料館
川崎市平和館／西宮市平和資料館
神奈川県立地球市民かながわプラザ
福山市人権平和資料館／ゆきのした史料館
高松市市民文化センター平和記念室
山梨平和ミュージアム／青森空襲資料常設展示室
岐阜市平和資料室／仙台市戦災復興記念館
静岡平和資料センター／長岡戦災資料館
ピースあいち／浜松復興記念館
立命館大学国際平和ミュージアム
神戸市戦災記念資料室／大阪国際平和センター
岡山空襲平和資料館
堺市立平和と人権資料館／佐世保空襲資料室

歴史博物館の中で、充実した空襲の展示をしている例としては、次のような博物館がある。

本別町歴史民俗資料館／沼津市明治史料館
熊谷市立図書館美術展示室／桜ヶ丘ミュージアム
蕨市立歴史民俗資料館／名古屋市博物館
平塚市博物館／四日市市立博物館
福井市立郷土歴史博物館／福岡市博物館
福井県立歴史博物館

福井市立郷土歴史博物館、福井県立歴史博物館、名古屋市博物館などは常設展の空襲展示が充実している。

本別町歴史民俗資料館は一九九五年に第三一回特別展「ほんべつ空襲と戦後五〇年」を開催し、特別展「わが町の七月十五日展」を二〇〇一年から毎年開催している。特に二〇〇六年は本別空襲の資料を展示した。

熊谷市立図書館美術展示室は、一九八五年に「熊谷空襲展―恒久平和への願いをこめて」を、一九九〇年に

「写真が語る熊谷空襲の記録」を、一九九五年に「戦前・戦中・戦後の熊谷の様子―第一部・戦争と生活展」と「戦前・戦中・戦後の熊谷の様子―第二部・戦争と市民生活の写真展」を、二〇〇五年に「熊谷空襲の記録と回顧展―熊谷空襲六〇周年・語り継ごう・戦争の悲惨さを」をそれぞれ開催した。常設展でも熊谷空襲について詳しく展示している。

蕨市立歴史民俗資料館は「時代―一五年戦争の記憶」などの平和を祈念する企画展を開館した一九九〇年から毎年開催し、その中で空襲についても展示し、常設展でも展示している。

平塚市博物館は、一九九五年に特別展「四四万七七一六本の軌跡―七・一六平塚大空襲」を開催し、その後一九九八年の展示更新以降、その成果を常設展で展示し、二〇〇五年に戦後六〇周年記念展示「市民が探る平塚大空襲」を開いている。

沼津市明治史料館は一九九五年に企画展「昭和の戦争と沼津」を開催し、その成果を常設展でも展示している。二〇〇五年に終戦六〇周年記念「一九三一～一九四五沼津と戦争」展を開催した。

桜ヶ丘ミュージアムは「豊川海軍工廠展」を一九九五年以来毎年開催している。特に、二〇〇五年に、終戦六〇年企画「豊川海軍工廠展」を開催し、それまでの調査・研究や展示を集大成した。その後も毎年開催し、二〇〇八年は豊川海軍工廠やその空襲を描いた絵を特に展示している。

四日市市立博物館は一九九五年に企画展「四日市空襲」を開催し、その後近年「四日市空襲と戦時下の暮らし」などのテーマで学習支援展示を開催している。常設展は模型と映像の組み合わせの装置の展示であり、現物展示はない。

福岡市博物館は開館の翌年の一九九一年から「戦争とわたしたちのくらし」を、六月一九日の福岡空襲の日の前後に開催し、館蔵の戦時資料を展示している。必ずしも毎年空襲関係の資料を展示するわけではないが、第一五回の二〇〇六年は、防空に関するポスターや書類、福岡大空襲で焼け残った瓦や時計などを展示している。

このほか、空襲を取り上げた歴史博物館の特別展の例としては次のものがある。

帯広百年記念館　一九九五年「戦後五〇年　そのときのとかち—昭和二〇年の語り部たち」
釧路市立博物館　一九九五年「空襲から五〇年」
室蘭市民俗資料館　一九九五年「ものが語る戦中戦後の暮らし—空襲・艦砲射撃と市民生活」
ふれあい歴史館　二〇〇五年「昭和の福島—あのころの福島は今」
一九九五年「戦争と空襲展」
日立市郷土資料館　二〇〇五年ギャラリー展「日立の戦災」
真壁町歴史民俗資料館　一九九五年「戦争とくらし—語り伝えるわが町の戦争体験」
水戸市立博物館　一九九五年「戦争と市民のくらし—戦後から五〇年」
二〇〇〇年特別展「女性と子どもたちの戦争」
二〇〇五年企画展「戦争の記憶展—平和への祈りを込めて」
前橋文学館　二〇〇七年企画展示「空襲・戦災の記録」
群馬県立歴史博物館　二〇〇五年企画展「子どもたちと戦争」
高崎市歴史民俗資料館　二〇〇五年企画展「終戦の日その時高崎は」
市立市川歴史博物館　一九九七年企画展「戦時下の市川地域」
各務原市歴史民俗資料館　一九九八年企画展「平和な二一世紀をめざして　各務原空襲があった頃—市民提供資料による戦時下の暮らし展」
二〇〇五年「平和への願い　各務原大空襲から六〇年　伝えたい「戦争と人々のくらし」」展
豊橋市美術博物館　一九九五年「戦中の市民生活と戦後豊橋の歩み」
岡崎市郷土館　二〇〇五年企画展「終戦六〇年—戦争を語る品々、伝えたい記憶」
豊田市郷土資料館　一九九五年「一九三七—一九四

五：人々の暮らし―戦時統制下の暮らしを中心に」

知多市民俗資料館　一九九五年「収蔵品で見る―戦中戦後のくらし」

江南市歴史民俗資料館　二〇〇五年「江南の空襲六〇年」

浅井歴史民俗資料館　二〇〇六年「終戦記念展―応召先の敦賀連隊」

日吉町郷土資料館　二〇〇四年収蔵品展「戦争が遺したもの」

和歌山市立博物館　一九九五年企画展「和歌山大空襲の時代」
二〇〇五年「和歌山大空襲六〇年展」

徳島県立博物館　一九九五年企画展「戦争から豊かな未来へ」

北九州市立歴史博物館　一九九五年平和資料展「戦時下の市民のくらし」

宮崎県総合博物館　一九九五年「宮崎の戦時と戦後のくらし」

平和博物館の特別展には、次のようなものがある。

仙台　二〇〇五年「仙台の戦災と復興の六〇年」

埼玉　一九九五年特別企画展「首都圏の空襲」

川崎　二〇〇七年企画展「川崎大空襲パネル展」
二〇〇八年企画展「川崎大空襲戦災記録写真展」

長岡　二〇〇五年特別企画展「長岡戦災六〇周年」

岐阜　二〇〇五年「岐阜県内の空襲―敗戦、戦中のくらし、そして空襲」

静岡　一九九四年「静岡大空襲展」
一九九六年～一九九七年「「空襲は語る」静岡そして世界へ―今も続く都市無差別空襲」
一九九九年企画展示「県下の空襲Ⅰ」
二〇〇一年企画展示「県下の空襲Ⅱ」
二〇〇一年～二〇〇二年所蔵品展「こどもに伝えたい静岡の戦争」
二〇〇三年「静岡市空襲体験画展　空襲下・生きぬいた私」
二〇〇五年「静岡・清水空襲体験画・写真展」

二〇〇五年～二〇〇六年企画展「二〇〇〇〇人余の命を奪った静岡空襲」
二〇〇六年企画展「清水空襲と艦砲射撃の原画展」
二〇〇六年企画展「今を問う、「静岡市大空襲体験画」展―戦争体験者が語る、体験画からの思い」
二〇〇七年企画展「子どもたちに伝えたい静岡の戦争Ⅱ―三菱工場への爆撃」

堺　二〇〇七年企画展「描かれた戦争体験」

姫路　一九九八年企画展「姫路発平和の祈り―空襲・川西航空機」
二〇〇三年企画展「空襲から引揚げへ」

福山　二〇〇五年企画展「福山空襲」
二〇〇七年企画展「福山空襲と戦時下のくらし」

このうち、岐阜の「岐阜県内の空襲」は各務原市や大垣市の空襲も取り上げており、埼玉の「首都圏の空襲」では、東京・太田・横浜・川崎・日立・千葉・銚子・甲府・宇都宮・平塚・八王子・水戸・前橋・伊勢崎・熊谷の空襲を取り上げている。

常設展や空襲関係の特別展の図録などを刊行しているのは、埼玉、長岡、山梨、岐阜、静岡、あいち、立命館、本別、熊谷、蕨、平塚、沼津、桜ヶ丘、豊橋、岡崎、豊田、四日市、和歌山、徳島、北九州などである。資料集は、平塚で「平塚の空襲と戦災を記録する会」が編集して、博物館が刊行する形で、『市民が探る平塚空襲　証言編』（一九九八年）と『市民が探る平塚空襲　資料編』一～三（二〇〇三年、二〇〇四年、二〇〇六年）が刊行されている。所蔵資料目録は桜ヶ丘が『豊川海軍工廠関係館蔵資料目録』を二〇〇五年に刊行している。

体験画集は大阪・墨田のほか、静岡が二〇〇五年に『静岡市民が描いた体験画集　静岡・清水大空襲と艦砲射撃』を、長岡が二〇〇七年に『長岡空襲体験画集』を刊行している。

体験記は長岡、岐阜、真壁などが出している。

論文には大阪・豊島などの他、市川の小野英夫氏の「市川市域の空襲について」（『市立市川歴史博物館年報』一三号、一九九六年刊、所収）がある。

空襲関係の展示は、被災品、出土被災品、亡くなった方の着ていたものなどの遺品、スケッチなどの絵画、空襲を記録した日誌や書簡、罹災証明書、死亡報告書、疎開転出証明書、アメリカ軍の伝単、焼夷弾、銃弾、砲弾、爆撃機の破片、高射砲弾の破片などの現物資料が中心で、被害の写真とともにどこでも展示している。空襲の被害を伝える地上の写真とともに、アメリカ軍が空中から撮影した、空襲前、中、後の写真を展示しているところもある。

体験画・体験記を展示しているところも多い。体験画は大阪、墨田の他、静岡などが積極的に展示している。埼玉では、空襲などの戦争体験の証言の映像化を進めて、公開している。

装置や模型を使った展示もある。埼玉や姫路では空襲の振動や音などの疑似体験コーナーを設けている。川崎、堺、高松、四日市などでは、模型と映像を組み合わせた装置を置いている。焼け跡の模型は大阪の他、長岡、岐阜、姫路などにある。防空壕の模型は、仙台、川崎、四日市、姫路、大阪などにある。川崎は体験できるようになっている。四日市は土嚢を積んだだけのもの、半地下で掘り下げまわりと上に土を積みかぶせたもの、地下室の三種を展示している、集束焼夷弾の模型は、青森、埼玉、長岡、岐阜、福山、高松、四日市などにある。

青森、埼玉、岐阜、静岡、岡山、本別、蕨、豊橋、岡崎、豊田、四日市、北九州などでは、被災地図を作成している。長岡、静岡、大阪、立命館などのように全国の空襲一覧地図などを展示しているところもある。山梨では空襲の死者について、居住地と名前を載せた一覧表を掲示している。静岡は防空監視哨の記録を所蔵しており、アメリカ軍の資料とつきあわせをして、空襲の記録を作成している。沼津は佐々木古桜の絵日記を効果的に使って、空襲など展示の各コーナーの説明をしている。

その中で、青森、長岡、岐阜、静岡、あいち、岡山、福山、高松、熊谷、市川、平塚、桜ヶ丘、豊橋、岡崎、豊田、四日市、和歌山、徳島などでは、日本空襲に関するアメリカ軍資料の調査を踏まえた展示をしている。多くは、作戦任務報告書によっている。一部、損害評価報告書、目標情報票、電信文記録、リト・モザイクという空襲の際アメリカ軍が利用した目標都市の石版写真などを使っているところもある。Ｂ29以外の、小型の陸上機、艦上機による爆撃について、アメリカ軍の資料を使って研究しているところもある。作戦任務報告書などによって空襲の日時、爆撃機の機数、投下爆弾・焼夷弾のトン数と個数、市街地焼失率、爆撃の照準点などを、日本側の記録により、死者数、負傷者数、焼失戸数、焼失面積、罹災者数などを、それぞれ示しているところが多い。長岡、静岡などでは、アメリカ軍資料をも使って解説映像を制作している。

博物館以外での研究書や資料集には次のようなものがある。

奥住喜重著『中小都市空襲』（三省堂、一九八八年刊）
奥住喜重著『Ｂ－29　六四都市を焼く―一九四四年一一月より一九四五年八月一五日まで』（揺籃社、二〇〇六年刊）
小山仁示訳『米軍資料　日本空襲の全容―マリアナ基地Ｂ29部隊』（東方出版、一九九五年刊）
奥住喜重・工藤洋三編『原爆投下の経緯―ウェンドーヴァーから広島・長崎まで　米軍資料』（東方出版、一九九六年刊）
奥住喜重・工藤洋三・桂哲男訳『米軍資料　原爆投下報告書―パンプキンと広島・長崎』（東方出版、一九九三年刊）
奥住喜重・工藤洋三編『写真の語る日本空襲』（現代史出版、二〇〇八年刊）
荒井信一著『空爆の歴史―終わらない大量虐殺』（岩波書店、二〇〇八年刊）
加藤昭雄著『東京大空襲の夜　Ｂ29墜落の謎と東北空襲』（本の森、二〇〇八年刊）
宇都宮市教育委員会『うつのみやの空襲』（宇都宮市教育委員会、二〇〇一年刊）
菊池実著『戦争遺跡の発掘　陸軍前橋飛行場』（新泉社、二〇〇八年刊）
今井清一著『新版　大空襲五月二九日―第二次大戦と横浜』（有隣堂、一九九五年刊）
井上弘著『小田原空襲』（夢工房、二〇〇二年刊）
中山伊佐男著『ルメイ・最後の空襲―米軍資料に見る富山大空襲』（桂書房、一九九七年刊）
阿部聖著『米軍資料から見た浜松空襲』（あるむ、二〇

〇六年刊）

日笠俊男著『空襲の史料学』（大学教育出版、二〇〇八年刊）

呉戦災を記録する会『呉戦災―あれから六〇年』（呉戦災を記録する会、二〇〇五年刊）

今治明徳高等学校矢田分校平和学習実行委員会編『米軍資料から読み解く愛媛の空襲』（創風出版、二〇〇五年刊）

北九州の戦争を記録する会編『米軍資料八幡製鉄所空襲―B－29による日本本土初空襲の記録』（北九州の戦争を記録する会、二〇〇〇年刊）

奥住喜重・工藤洋三編『米軍資料北九州の空襲―八幡・門司・岡山・佐世保・延岡への焼夷空襲の記録』（北九州の戦争を記録する会、二〇〇二年刊）

また、二〇〇〇年には『空襲通信』が創刊され、その後毎年発行されているが、これにはアメリカ軍の資料の紹介やアメリカ軍の資料を使った各地の空襲の実態を解明する論文が掲載されている。このように、アメリカ軍の諸資料を使って、各地の空襲についての新しい研究成果が出されている。

4　東京大空襲・戦災資料センターでの取り組み

①経過

東京大空襲・戦災資料センターは、東京都平和祈念館建設が凍結されたため、「東京空襲を記録する会」と「財団法人政治経済研究所」が中心になって呼びかけた民間募金により建てられ、二〇〇二年三月に政治経済研究所の付属として開館した。「東京空襲を記録する会」が集めていた資料と新たに資料センターに寄せられた資料を保存し、展示した。

「東京空襲を記録する会」から東京大空襲・戦災資料センターにかけての経過を示すと次のようになる。

一九七〇年八月　東京空襲を記録する会結成

一九七一年四月　財団法人東京空襲を記録する会設立認可

一九七一年八月　第一回空襲・戦災を記録する会全国連絡会議
一九七三年三月　『東京大空襲・戦災誌』の一・二巻刊行
一九七四年三月　『東京大空襲・戦災誌』全五巻完結
一九七四年三月　財団法人東京空襲を記録する会解散、任意団体に
一九七四年四月　空襲・戦災記念館をつくる会結成
一九七六年三月　空襲・戦災記念館をつくる会資料目録刊行
一九七六年三月　空襲・戦災記念館をつくる会解散
一九九二年一月　東京都平和の日記念行事検討委員会、「平和記念館の整備と検討の開始」を提言
一九九二年六月　東京都平和記念館基本構想懇談会設置
一九九二年一〇月　江戸東京博物館開館　東京空襲を記録する会が空襲展示に協力
一九九三年六月　東京都平和記念館基本構想懇談会、基本構想を報告
一九九三年一〇月　東京都平和記念館基本計画に関する調査委員会設置
一九九四年五月　東京都平和祈念館、基本計画決定
一九九六年五月　東京都平和祈念館建設委員会発足
一九九七年一〇月　建設委員会、展示基本設計案公表
一九九八年三月　都議会付帯決議、展示内容などに都議会の合意を得て開始
一九九八年六月　東京都平和祈念館（仮称）建設をともに考える会発足
一九九八年七月　建設委員会、知事へ報告書提出
一九九九年三月　都議会付帯決議、展示内容を検討の上都議会の合意を得て開始
一九九九年四月　東京都、財政難をも理由に建設計画を凍結
一九九九年八月　東京大空襲・戦災資料センターの建設の呼びかけ、募金開始
二〇〇二年三月　東京大空襲・戦災資料センター開館

東京大空襲は一九四五年三月一〇日の下町空襲をはじ

めとして、四、五月の山手空襲にかけておこなわれ、焼夷弾の集中的な大量投下で、居住地を焼き払い、住民の殺傷をねらったものであった。死者数は一〇万人以上で、区部全体での罹災者は約二九四万四〇〇〇人、罹災住宅戸数が約六七万戸で、区部の約五〇％の市街地が焼失するという大規模なものであった。死者には多くの母親や子どもが含まれていた。大量の死者がでて、本式の火葬や埋葬ができないので、公園などにまとめて土葬する仮埋葬がなされた。

東京大空襲・戦災資料センターはこの東京空襲の実態を民間人の被害を中心に明らかにしてきた。展示とともに、東京空襲の研究拠点にもなった。二〇〇六年には戦争災害研究室が設置され、二〇〇七年度からは、文部科学省の科学研究費補助金を受けて、「東京大空襲体験の記録化と戦争展示」のテーマで共同研究を進めている。二〇〇七年には東京大空襲・戦災資料センターを増築し、展示の量や質を充実させた。

②空襲展示の紹介

防空関係の展示は、防空の方針、防空壕、警防団、建物疎開、乳幼児疎開など民間の防空関係が中心である。防空の方針で日本の軍や政府が人員被害や焼夷弾の威力を軽視している資料を紹介し、日本海軍が重慶無差別爆撃を合理化する資料も展示している。「灯火管制」下の部屋の復元もある。

空襲関係で、被災品としては、母と被災した子どもの着物、焼けた服、仏像・ガラス・硬貨・茶器・本などの焼けこげたり、溶けて固まったものを、防空壕に入れたり、持ち出したりして焼け残ったものとともに展示している。被災品などについて、『東京大空襲・戦災誌』所収の体験記やその原稿、または聞き取りと連関させて、資料提供者の空襲体験も可能なかぎり資料とともに読めるようにしている。アメリカ軍の伝単なども読めるように並べて展示している。空襲で使われた爆弾の破片や焼夷弾、撃墜されたB29爆撃機の破片、集束焼夷弾の模型もある。

日本人だけでなく、朝鮮人の被害も取り上げるように努力し、東京朝鮮人強制連行真相調査団から提供された海軍施設部深川宿舎にいた徴用者の被害、在日韓人歴史資料館から提供された日通の寮で被災などについての複写資料を展示している。

死体処理をした兵士の資料や、死体処理、被災民間人への給付、疎開、転校、住宅営団、罹災者への開拓奨励関係など、戦時中の空襲被害への対処を示す資料もある。

空襲関係の写真を初期空襲から東京大空襲を経て八王子空襲まで時系列に展示し、説明も系統的につけている。焼死・水死・窒息死した遺体、仮埋葬、被災地での現場火葬の写真もある。

「東京空襲を記録する会」の歴史や民間人戦災被害者の補償要求運動の歴史に関する資料も展示している。

東京空襲を描いた絵と地図を展示している。絵は当時のものではなく、一九七〇年以降に描かれたものが多い。被災地域、仮埋葬地、慰霊碑、高射砲陣地、爆撃の照準点、アメリカ軍が事前にリストアップした爆撃目標、旧日本軍が管理している民間の軍需工場、朝鮮人の戦時労働動員が確認できる工場なども記入した東京の被災地図は、東京都区部、三多摩、さらに区部の下町地区の拡大図を作成している。当時の市町村名、死者数、主な空襲日を記入した、日本の主な都市空襲地図もある。主な都市の空襲の写真も展示している。「東京空襲一覧」と「本土空襲による主な地域の死者数についての諸調査集計表」などの配布資料をおいている。

また、「アジア・太平洋地域における主な都市空襲」と「ヨーロッパ・北アフリカ・中東地域における主な都市空襲」の地図もある。前者はアジア・太平洋戦争における日本の最大の勢力範囲を示すとともに、日中戦争期における日本軍による中国都市爆撃とアジア・太平洋戦争期におけるアメリカ軍による日本国内や日本支配下の都市に対する爆撃を、航空機の出発点と爆撃地を矢印で結ぶことによって示したものである。後者はヨーロッパのみでなく、植民地の市街地爆撃も図示している。さらに、「一九四五年三月一〇日東京大空襲時のB29爆撃機の航路図」とB29爆撃機が基地から爆弾を積んで往復できる距離である二五〇〇キロメートルの範囲を図示した「アメリカ軍B29爆撃機威力圏図」もある。

5　東京での特徴的な取り組み

ここで、歴史博物館での東京空襲についての展示などでの特徴的な取り組みをまとめてみていこう。

豊島区立郷土資料館は一九八五年以来、学童疎開を中心に戦争関係の特別展・企画展の開催、史料集刊行、講座開催などの取り組みを継続し、その中で空襲も取り上げている。一九八五年には企画展「戦中・戦後の区民生活」を、一九八六年には企画展「第二回　戦中・戦後の区民生活」を、一九八九年には特別展「第三回　戦中・戦後の区民生活」を開催し、一九九五年には特別展「戦争と豊島区」を開催した。

江戸東京博物館は一九九五年に特別展「東京大空襲―戦時下の市民生活」を開催したが、これはそれまでの豊島などの区立博物館での空襲展示を集約し、さらにアメリカ軍の日本支配地全体への空襲、学徒勤労動員などについて独自に研究した成果を盛り込んだものであった。その成果は常設展に取り入れられた。

東京空襲犠牲者名簿から犠牲者の住所と遭難地と遭難日を示した地図を作成して展示することもなされた。これは江戸東京博物館・豊島区立郷土資料館・すみだ郷土文化資料館による共同研究の成果としての展示である。すみだ郷土文化資料館が二〇〇二年の企画展「被災を記憶する町」で、豊島区立郷土資料館が二〇〇三年の収蔵資料展「豊島の空襲～戦時下の区民生活」でそれぞれ展示した。また、二〇〇五年に江戸東京博物館では第二企画展「東京空襲六〇年―犠牲者の軌跡」で展示し、その後常設展において展示し続けている。

すみだ郷土文化資料館は、二〇〇四年には企画展「描かれた東京大空襲―絵画にみる戦争の記憶」を、二〇〇五年には企画展「東京空襲六〇年―三月一〇日の記憶」を、二〇〇七年に企画展「東京空襲を描く人々―空襲体験者の記憶と表現」を、それぞれ開催している。ここでは、戦争体験の記憶と体験画について、系統的に深めた取り組みを続けている。二〇〇四年の企画展の図録が、柏書房から二〇〇五年に『あの日を忘れない―描かれた東京大空襲』として市販されている。

豊島区立郷土資料館は二〇〇三年に収蔵資料展「豊島の空襲―戦時下の区民生活」を、二〇〇五年に企画展「東京空襲六〇年―空襲の記憶と記録」を、二〇〇七年に収蔵資料展「戦争を考える夏　二〇〇七」を、二〇〇八年に「描かれた風景、写された時代、遺された記憶」を、それぞれ開催している。この中で、被災品とともに、空襲被災者地図、体験画やアメリカ軍資料の分析をふまえた展示もしている。また、豊島の青木哲夫氏は「一九四五年四月一三―一四日東京空襲の目標と損害実態―米軍資料を用いて」(『生活と文化』紀要第一五号、二〇〇五年刊、所収)と「一九四五年二月二五日東京空襲(雪天の大空襲)小論」(『生活と文化』紀要第一七号二〇〇八年刊、所収)などの論文を書き、初期から一九四五年四月にかけての東京空襲について、日本側の史料とアメリカ軍の史料とを使って、空襲の実態を明らかにしようとしている。その中で、二月二五日と三月一〇日の照準点の比定の誤り、空襲目標と実際の空襲被害地とのずれなどを指摘している。

その他、区部の空襲も取り上げた特別展には次のようなものがある。

板橋区立郷土資料館/一九九五年「板橋の平和―戦争と板橋　語りつぐ苦難の日々」

葛飾区郷土と天文の博物館/一九九五年企画展「葛飾の戦時生活」

二〇〇五年「キ九四!B二九を撃墜せよ―空襲とかつしか」

新宿歴史博物館/二〇〇五年「平和展―未来へつなぐ私たちの記憶と記録」

台東区立下町風俗資料館/二〇〇五年特別展「終戦六〇年　戦争と子どもたち」

港区立港郷土資料館/二〇〇五年企画展「永井荷風と東京大空襲」

多摩では、八王子市郷土資料館が一九七五年には「八王子空襲展」、一九八五年には「八王子空襲」、一九九五年には「戦争と人びとのくらし」展を、それぞれ開催し、一九八五年には『八王子の空襲と戦災の記録』三巻を刊行し、二〇〇一年からほぼ毎年八王子空襲などに関連した展示会を開催している。常設展でも展示している。福生市郷土資料室は「平和のための戦争資料展」を毎年開催しているが、そのなかで福生の空襲についても展示している。

その他特別展としては次のようなものがある。

立川市歴史民俗資料館/一九九五年「太平洋戦争と立川―戦争とくらし」

くにたち郷土文化館／一九九五年企画展「苦難の日々も―国立の戦中・戦後をふりかえる」
東大和市立郷土博物館／一九九五年「東大和と戦争」
東村山ふるさと歴史館／二〇〇七年企画展「あの日々の記憶―東村山の空襲と学童疎開」
武蔵村山市立歴史民俗資料館／一九九五年収蔵品展「戦時下の村山」

調布市郷土博物館、東大和市立郷土博物館、東村山ふるさと歴史館などの常設展でも充実した空襲展示をしている。八王子、立川、福生、調布などでは、被災地図を作成しており、八王子、東村山などでは、日本空襲に関するアメリカ軍資料の調査を踏まえた展示をしている。

平和博物館としては、中野区平和資料展示室が二〇〇五年に常設展示をリニューアルし、空襲展示も充実させた。企画展も二〇〇四年の「山の手大空襲」、二〇〇五年の「東京の空襲記録写真」、二〇〇六年の「山の手空襲（中野の空襲）」、二〇〇七年の「狩野光男氏が描く東京大空襲」「中野の空襲」などがある。

東京での空襲関係の展示図録類には、豊島、江戸東京、板橋、八王子、東村山、国立などが刊行したものがある。博物館以外の研究成果では、次のようなものがある。

早乙女勝元・奥住喜重著『新版　東京を爆撃せよ』（三省堂、二〇〇七年刊）
奥住喜重編『八王子空襲の記録―準備・計画から発令・実行・評価まで―米軍新資料』（揺籃社、二〇〇一年刊）
斎藤勉著「多摩の空襲」（『多摩のあゆみ』一一九号、二〇〇五年発行所収）
楢崎茂弥著「B29日本本土初空襲の作戦任務報告書」（『多摩のあゆみ』一二九号、二〇〇八年発行所収）

また、東京大空襲六十年の会は二〇〇五年に「東京大空襲展―今こそ真実を伝えよう」を開催し、図録を発行している。

6　日本軍による重慶など中国の都市への無差別爆撃について

日本軍の中国の都市への無差別爆撃の研究は前田哲男、今井清一、荒井信一、早乙女勝元の諸氏らによって進められている。代表的な研究は、前田哲男著『新訂版　戦略爆撃の思想―ゲルニカ、重慶、広島』（凱風社、二〇〇六年刊）である。また、重慶爆撃の被害の写真は早乙女勝元氏によって紹介され、博物館の展示などに使われた。

日本軍の中国の都市への無差別爆撃についての展示は、北海道開拓記念館、山梨平和ミュージアム、静岡平和資料センター、ピースあいち、立命館大学国際平和ミュージアム、大阪国際平和センターなどが常設展で展示している。

大阪国際平和センターは開館当初から、重慶を爆撃している所の写真と防空洞で窒息死した人を運び出して階段に並べた写真を展示していた。この際、後者の写真に「日本軍の爆撃で折り重なって死んでいる重慶市民」という間違った説明を付けていた。これが一九九六年に大阪国際平和センターの加害展示が右翼に攻撃された際に、ニセ写真として攻撃された三点の一つである。これを受けて、大阪国際平和センターは説明を正確にし、その後も展示し続けている。

立命館大学国際平和ミュージアムは当初展示で、死体を階段に並べた写真は不自然であるとして使わないで、早乙女勝元氏から提供された「日本軍の空襲によって爆殺された遺体をかたづけている重慶市民」の写真を展示した。立命館大学国際平和ミュージアムは二〇〇五年のリニューアルによって日本軍の中国都市への無差別爆撃の展示を強化し「中国の上海・南京・武漢・重慶などの都市が武装しているとの口実で日本軍機は無差別爆撃をおこない、住民に被害を与えた」との説明のもとに、当初からの重慶爆撃の写真とともに、重慶爆撃に出発する航空部隊の写真ハガキ、南京爆撃の絵葉書、『週報』九六号、一九三八年八月一七日発行所収の海軍省海軍軍事普及部の「空爆と国際法」で重要都市への無差別爆撃を正当化していることを展示している。

ピースあいちは世界の都市空襲、無差別爆撃の歴史を展示するとともに、重慶爆撃の項目をたてて以下のように説明している。「日本軍の重慶への爆撃は一九三八年一二月から始められ、都市に対する無差別爆撃でした。爆撃は一九四三年までの五年間に二一八回、日本軍機延べ約九五〇〇機、約二万六〇〇〇人を死傷させました。重慶爆撃は、多数の住民を殺傷し、恐怖を与えることを狙った戦略爆撃で、中国側の戦意を喪失させることを目的にしていました。重慶爆撃は、市民に莫大な被害を与えましたが、中国人の抗戦意欲を喪失させることはできなかった」としている。

静岡平和資料センターは日本軍の中国への無差別爆撃など日本本土空襲に至る道をおさえた上で、静岡空襲の実相を伝えるようにしている。静岡平和資料センターの運営母体である静岡平和資料館をつくる会は二〇〇五年に戦後六〇年記念事業「静岡・清水空襲体験画・写真展」を静岡市・静岡市教育委員会との共催で開催した。その成果をまとめた冊子『静岡・清水空襲の記録―二三五〇余人へのレクイエム―』を刊行している。その中の、「都市爆撃にいたる道」で、第一次世界大戦での青島攻略戦中の日本軍機の行動に都市市街地爆撃が含まれていたことを書いている。静岡県の浜松に一九二五年飛行第七連隊がおかれ、その後爆撃部隊に関連した多くの部隊が設置され、浜松が「爆撃のふるさと」になったとしている。中国との戦争の中で一九三一年一〇月八日の錦州爆撃が軍事目標以外にも着弾したこと、中国との全面戦争では「特に重慶に対しては中国人の戦争意欲をうばう目的で、徹底的な空襲を実施する。それは目標そのものを市街地とすることもあった。一九三九年五月三日・五月四日の空襲では四〇九一人が死亡するなど、同年二月から一九四三年八月まで、合計二一八回の攻撃を受け、一般市民を中心に一一八八五人が死亡した。」と説明している。また、「地上での戦闘と関係なく政治的な目的で敵国の首都の市街地をねらう爆撃を意図的・長期的に実施したことは、後にアメリカが日本の都市市街地を攻撃する口実を与えることになった。」と位置づけている。

山梨平和ミュージアムは前田哲男氏の研究に依拠し戦略爆撃の系譜を取り上げる中で、ゲルニカ、重慶、ドレスデンなどの空襲や原爆を展示している。「重慶爆撃」については「日本軍は一九三八年末から重慶に爆撃を開始した。海軍が中心になった重慶爆撃は、七〇万人の市民が住む大都会に対する無差別爆撃で、軍事目標より住民を目標にしたテロ爆撃であった。爆撃は断続して一九四三年末まで五年間続いた。その間、日本陸海軍機、のべ九五一三機が二一五九三個の爆弾を落とし、重慶は廃墟と化し、市民二万五八八九人が死傷したとされている。」との説明を付けている。廃墟の町を行く市民、石段の上に並べられた市民の遺体などの写真を『二〇世紀の戦争　日中戦争Ⅱ』を出典として展示している。重慶空襲の関連で、山梨出身の長谷川テルらの、重慶での日本人の反戦運動も展示している。

埼玉県平和資料館は、一九九五年に戦後五〇年記念特別企画展「首都圏の空襲」を開いているが、その中で、「都市爆撃のはじまり」でドイツのロンドン爆撃などを展示するとともに、「日本軍による中国各都市への爆撃」を取り上げている。そこでは、「日中戦争の開始とともに、日本軍機による中国各都市への爆撃も本格的に実施された。日本軍は同年七月二九日に天津の主要陣地を爆撃し、ついで八月、海軍航空部隊により南京・漢口、また陸軍部隊により、一九三八年一二月から翌年三月まで重慶・蘭州等の主要な都市に対して空襲を実施している。とくに海軍航空部隊は、「渡洋爆撃」と称して新鋭の九六式陸上攻撃機を駆使し南シナ海を横断して爆撃を加えた…被害は重慶空襲を例にとると日本機による空襲二一八回、延べ九五一三機、破壊された家屋一七六〇八戸、死亡者一一八八九人、負傷者一四一〇〇人に達している。」との説明を付け、写真週報の南昌爆撃、毎日新聞社提供の南京路の惨状、炎上する重慶市街の写真を展示している。

和歌山市立博物館は戦後五〇年の一九九五年に企画展「和歌山大空襲の時代」を開き、和歌山大空襲の展示の説明で「日本軍は重慶などの中国の都市を無差別爆撃した」ことを書いている。

豊島区立郷土資料館では、二〇〇三年の収蔵資料展「豊島の空襲—戦時下の区民生活」で「無差別爆撃」を取り上げ、「第一次大戦後の都市空襲は、満州事変時の日本軍による錦州爆撃が最初である。その後、日中全面戦争下で、上海・南京空襲をへて、重慶への長期連続空襲によって、都市空襲（戦略爆撃）は確立した。空襲する側は常に軍事目標への爆撃であると述べているが、実際の被害はいつも一般の民間非戦闘員が受けることになった。」と説明している。その上で『週報』二〇一号、一九四〇年八月二一日発行所収の海軍省海軍軍事普及部「海驚と重慶」では重慶の過半が廃墟となっていると書いていることを紹介している。また、『週報』九六号、一九三八年八月一七日発行所収の海軍省海軍軍事普及部が執筆した「空爆と国際法」で「現今の都市において陸海空軍のいずれにかに対し相当の防御施設を備へ、又は有事の際、相当兵力を配備せぬものはあり得ないのであるから、恐らく重要都市はすべていわゆる防守都市となることであらう。そして一旦「防守せられた都市」等となれば攻撃者はこれ等に対して軍事目標に限らず無差別の攻撃を加へることが出来得る。」としていることを紹介し、重要都市への無差別爆撃は可能であるとしていることを書いている。この展示は、立命館大学国際平和ミュージアム、東京大空襲・戦災資料センターの展示にも取り入れられている。

北海道開拓記念館は中国諸都市への空襲について展示しているが、そこでは『渡洋爆撃隊実践記』を展示し、その中の写真により上海・広州・重慶などの諸都市の爆撃状況を示している。

以上みてきたように、ゲルニカなどのヨーロッパでの空襲も含めて、無差別爆撃の歴史の中で、重慶爆撃を位置づけているところもある。一方、大阪、立命館、あいちなどは、重慶爆撃を日本の侵略戦争における加害の一つとして位置づけて、重慶市民の被害をも紹介しており、日本の主要な戦争博物館のように、重慶爆撃の成果を誇り、讃える展示にはなっていない。また、重慶爆撃と連合国による日本の空襲を関連させてとらえており、日本軍の加害が日本の市民の被害をもたらしたことを示している。さらに、日本軍による重要都市への無差別爆撃を合理化する論理を日本国民に宣伝していたことを明らかにした意味も大きい。この日本軍の論理では、日本の都市への無差別爆撃を批判できなくなることは重視されてよい。

ただし、重慶空襲について、空襲の期間、空襲回数、飛行機数、破壊家屋数、死亡者数、負傷者数などは、最新の中国の研究成果で訂正する必要がある。特に、空襲の回数について、日本軍機が来て、空襲警報がだされても、爆撃をしていないことがあって、今までこのような場合まで爆撃の回数に入れていたので、減少している。

最後に現在の研究の到達点を簡潔に紹介したい。

7

①無差別爆撃と国際法

まず、空爆のはじまりであるが、飛行機が二〇世紀はじめに発明されてからすぐに戦争に使われた。この中で注目する必要があることは、イギリス、イタリア、スペインなどの列強が新たな植民地を求めたり、植民地独立運動を鎮圧するための戦争で飛行機が使われ、毒ガスなどの残虐な爆弾も落とされていることである。これらは国際的には非難されなかった。一九三七年にヨーロッパにあるスペインのゲルニカがドイツ・イタリアの空軍によって爆撃されてから、このような市民の居住地への爆撃が非難されるようになった。

空爆を規制する国際法としては一九二二年にすでに「ハーグ空戦規則」がつくられている。これは調印されたが、批准されなかったので、効力をもたないままになった。しかし、日本をはじめとする各国が空襲についての規則や方針をつくる際に、この空戦規則が尊重され、よりどころにされた。日本では海軍航空隊が一九三七年七月に「空戦に関する標準」を定めているが、これは軍事目標主義をとって、「ハーグ空戦規則」に準拠している。また、国際連盟も総会で、日本軍の中国爆撃やスペインのゲルニカ爆撃を受けて、一九三八年九月三〇日に「戦時における空爆からの文民の保護」を決議しているが、これも「ハーグ空戦規則」に準拠して、軍事目標主義を取り入れている。このように、一九三〇年代後半には空戦規則は国際慣習法化した。

空戦規則の第二四条第一項では、空中爆撃は軍事的目標に対しておこなわれた場合にかぎり、適法とするとしている。第二二条では「普通人民を威嚇し、軍事的性質を有しない私有財産を破壊しもしくはき損し、または非戦闘員を損傷することを目的とする空中爆撃は禁止する」と規定している。また、第二四条第三項では「陸軍軍隊の作戦行動の直近地域でない都市、町村、住宅、または建物の爆撃は禁止する」、軍事目標が「普通人民に対して無差別爆撃をなすのでなければ爆撃することができない位置にある場合には、航空機は爆撃を避止することが必要である」とある。このように軍事目標主義をとり、非戦闘員への爆撃を禁止するとともに、軍事目標が普通人民に無差別爆撃をしないと爆撃でない位置にある場合にも、爆撃を避けるように規定していたことが特徴である。一方で陸軍作戦の直近地域かどうかが、大きな判断になっており、これは無防守都市をどう考えるかと関連している。

日本海軍は重慶爆撃の実行に際し、航空機と高射砲があれば防守状態であり、重要都市はすべて防守都市なので、無差別爆撃できるとして、これを正当化した。重慶などの日本軍の中国都市への無差別爆撃の延長上に、東京大空襲などのアメリカ軍による日本空襲があるわけである。日本軍はみずからが受けた無差別爆撃は国際法違反とし、空襲軍律を一九四二年七月に制定し、これにより、無差別爆撃を実行した者を国際法違反として軍律裁判で裁き、処刑している。時には軍律裁判を省略し、処刑した場合もあった。

②日本空襲の概観

一九四四年になってアメリカ軍は新たに開発されたB29爆撃機による日本の支配地への爆撃を始めた。まず、インドのカラグプールより一九四四年六月五日から一九四五年一月一一日にかけてバンコックの操車場・鉄橋、ラングーンの操車場、シンガポールのドックなどを空襲している。次いで、中国四川省の成都に飛行場を建設し、そこを基地に一九四四年六月一六日から一九四五年一月一七日にかけて、日本の九州や漢口、南京、上海、済州島、台湾、「満州」を空襲した。このように、日本国内への空襲は、日本占領地への空襲の一環として始まり、継続された。

アメリカ軍は、サイパン、テニアン、グアムなどのマリアナ諸島を占領すると、飛行場を建設し、そこから、日本本土や朝鮮への空襲を一九四四年一一月二四日から始めた。マリアナからのアメリカ軍B29による日本本土空襲は大きくは三期に区分される。

第一期は、一九四四年一一月二四日から一九四五年三月四日までで、白昼高々度から、主に航空機工場などを目視で精密爆撃をした。東京の中島飛行機武蔵製作所、名古屋の三菱重工業発動機製作所や三菱重工業航空機製作所、明石の川崎航空機、中島飛行機太田製作所などの飛行機関係の工場への精密爆撃が主になされた。

第二期は、三月一〇日から六月一五日まで、低高度で焼夷弾を投下し、大都市の市街地を焼き払う爆撃をした。この時期の空襲は、三月一〇日の東京、三月一二日と一九日の名古屋、三月一三～一四日の大阪、三月一七日の神戸と、大都市の市街地に対する夜間焼夷弾爆撃で始まった。これらの大空襲で焼夷弾を使い切り、大都市への爆撃が再開されるのは、四月一三～一四日の東京西北部、四月一五～一六日の東京南部や川崎に対する空襲である。その後沖縄戦の関係で、四月一六日から五月一一日の間は九州にある特別攻撃隊の基地・飛行場を爆撃しており、大都市焼夷空襲を中断している。再開後、五月一四日と一六日の名古屋空襲、五月二四日と二五～二六日の東京空襲、五月二九日の横浜の昼間空襲、六月一日、七日、一五日の大阪空襲、六月五日の神戸空襲と続いた。これらの大都市への空襲で、東京、横浜、川崎、名古屋、大阪、神戸、尼崎という、日本のほとんどの大都市の市街地が焼き払われた。

第三期は、中小都市を対象とした時期で、中小都市の市街地爆撃は、六月一七日から八月一五日にかけて、一日に三ないし四都市を目標に一六回実行され、合計五七都市が目標都市として空襲を受けた。死者が数千人に上る都市や、市街地の七〇～九〇％を焼かれた都市も多くあった。

市街地空襲の時期区分はあるが、軍需工場への空襲は各時期を通して継続的に実施された。大きな被害を出した軍需工場爆撃には、五月一〇日の徳山の第三海軍燃料廠、六月九日の名古屋市熱田の愛知時計電機、六月二二日の呉海軍工廠と姫路の川西航空機、八月七日の豊川海軍工廠、八月一四日の大阪陸軍造兵廠などへの爆撃がある。

このほか、一九四五年の三月二七日から、八月一五日にかけて、機雷敷設作戦が実行された。また石油基地への爆撃も、五月一〇・一一日と六月二六日から八月一五日にかけて実施された。模擬爆弾をふくむ原子爆弾投下作戦が一九四五年の七月二〇日から八月一四日にかけて実施され、八月六日には広島に、九日には長崎に原爆が実際に投下された。さらに、硫黄島や沖縄島を基地とする陸上機の爆撃、空母からの艦上機による爆撃もあった。

ここで、マリアナからのアメリカ軍B29による日本本土空襲を整理すると次のようになる。

軍需工場爆撃／一九四四年一一月二四日〜一九四五年八月一五日

大都市焼夷弾空襲／一九四五年三月一〇日〜六月一五日

機雷投下／一九四五年三月二七日〜八月一五日

九州の基地・飛行場爆撃／一九四五年四月一六日〜五月一一日

石油基地への爆撃／一九四五年五月一〇日〜八月一五日

中小都市焼夷弾空襲／一九四五年六月一七日〜八月一五日

模擬爆弾・原子爆弾投下／一九四五年七月二〇日〜八月一四日

③東京大空襲の決定と位置づけ

東京の本格的な空襲は一九四五年三月一〇日の下町への大空襲を境に区分されると考えた方がよい。前期は、一九四四年一一月二四日から一九四五年三月上旬までで、昼間、高高度から航空機工場などを精密爆撃した時期である。軍需工場への精密爆撃といっても、精度は高くなく、実際には目標からはずれて、周辺の住宅をも空襲している。中島飛行機を第一目標とし、それが爆撃できない時は、第二目標とした区部の市街地を爆撃している。第二目標の区部市街地爆撃は、一九四四年一一月二七日、一九四五年一月二七日、二月一九日、三月四日などに実行された。また、一九四四年一一月二九〜三〇日と一九四五年二月二五日には、次の時期に実施される区部の市街地に対する焼夷弾爆撃の実験的な空襲がなされた。二月二六日からは、空母から発進する小型爆撃機による空襲も東京におこなわれるようになった。後期には、一九四五年三月一〇日から五月二六日まで、三月一〇日、四月一三日〜一四日、四月一五日、五月二四日、五月二五日〜二六日の五回にわたって夜間に低高度で焼夷弾を大量に投下し、区部の市街地を焼き払う爆撃がおこなわれた。八月二日には中小都市空襲の一環として八王子の市街地が空襲された。死者は四〇〇人余にのぼり、八王子の旧市街地の八〇％が焼失した。この日の爆撃の目標は市街地と鉄道の駅であり、軍事目標を狙ったものではなかった。この日は、貫通力の強い焼夷弾を多用したこと、飛行機から投下されたビラで事前に空襲を予告していたこと、最大数のＢ29爆撃機が八王子など四都市の爆撃に参加したことなどが特徴的である。後期にも軍需工場への精密爆撃は続けられた。陸上機の戦闘機も爆撃機と同様、人間に対する機銃掃射をしている。東京への原爆模擬爆弾の投下は、一九四五年七月二〇日に日本橋の呉服橋付近に、七月二九日には、中島飛行機武蔵製作所を目標に投下されたが、実際はそれよりも北の田無に落下している。さらに、いずれの時期にも、東京を目標としない爆撃の時でも、本来の目標を爆撃できないで、臨機に東京を空襲したり、余った爆弾を東京に投下したこともあった。

みたように実際の空襲には段階があるが、アメリカ軍は、一九四三年一一月には爆撃目標として鉄鋼、造船、航空機など五種の軍需工場と都市工業地域をあげていた。そして一九四四年四、五月には、Ｂ29の機数が揃い十分配備できて戦力が整い、しかも季節風が強い、一九四五年三月から東京を含む六大都市の市街地への大量焼夷弾攻撃を始めることを決定していた。一九四四年一〇月には爆撃目標を航空機関連産業と大都市の市街地に絞っていた。東京大空襲は、空軍独立のために、成果を上げることも狙って、決定され実施されたのであり、司令官個人の決定ではなく、軍の組織的な決定によるものである。

④東京大空襲の実相

三月一〇日の大空襲でアメリカ軍が対象とした地域は焼夷地区一号としていた地域で、焼夷弾に最も弱いと考えられた地域である。ここには、軍施設や軍需工場などの明確な軍事目標はなく、市民居住地などの市街地であった。しかし、北風や西風の強風もあって、火災は目標地域をこえて、東や南にも広がり、本来の目標の本所、深川、浅草、日本橋、神田の各区だけでなく、城東区の全域、向島区の南部、江戸川区の荒川放水路より西の部分も焼かれ、深川区も北部だけでなく、ほとんど全域を焼き尽くすことになった。三月一〇日の大空襲では、多くの市民が逃げ場を失い、避難所も火災に襲われた。焼死したり、窒息死したり、水死や凍死するなど、一〇万人とも推定される膨大な数の方が犠牲となった。これは、空襲警報が遅れ、警報より先に空襲がはじまり、奇襲となったこと、木造家屋の密集地に大量焼夷弾が投下され、おりからの強風で、大火災となったこと、川が縦横にあって、安全な避難場所に逃げられなかったこと、踏みとどまって消火しろとの指導が徹底されて、火たたき、バケツリレーのような非科学的な消火手段がとられ、火災を消すことができないで、逃げおくれたことなどが、その理由と考えられている。

三月一〇日の空襲の仕方について、「目標地域の周囲にまず巨大な火の壁を作って、逃げまどう人びとに焼夷弾を落とした」と言われるが、実際の空襲はまず照準点に大きな焼夷弾M四七を落とし、大火災を起こし、照明とし、それを目印に目標地区全体に焼夷弾を短時間に大量に投下しているのであって、目標地域である焼夷地区一号全体を囲むような火の壁がつくられ、それからその中を焼いたわけではない。また「アメリカ軍がガソリンを撒き、その上に焼夷弾を投下した」とも言われるが、M六九ナパーム焼夷弾の中にガソリンも入っており、ガソリンを撒いたわけではない。このように被災者の実感から言われることの中には、アメリカ軍の実際の空襲の仕方とは違う場合がある。

三月一〇日の空襲では無数の死体の山がつくられた。これらの死体のほとんどは仮埋葬された。多くは身元もわからないでまとめて埋葬された。仮埋葬された遺体は三〜五年後に掘り返されて、火葬された。それでも、遺族などに引き取られる遺骨は少なく、多くは東京都慰霊堂に安置されることになり、その数は区部全体で約八万人である。しかし、「東京都慰霊堂に一〇万五四〇〇人の遺骨がある」とし、そこから東京空襲の死者を一一万六〇〇〇人と推定されることがある。しかし、一〇万五四〇〇人は慰霊堂に奉祀・慰霊されている数で、確認されたすべての遺体数である。この中には、慰霊堂に遺骨がある人ばかりではなく、被災直後に遺族が引き取った遺骨数約一万〇七〇〇人、仮埋葬・改葬後引き取られた遺骨数約八三〇〇人などを含んでいる。ただし、遺体が収容されない死者もいるので、推定死者数は一〇万五四〇〇人より多くなる。

⑤被害者への補償

戦時中は、一九四二年二月に制定された戦時災害保護法によって、軍人軍属だけでなく、民間人にも、死者の遺族、負傷者、家を焼かれた人たちに、給付金を支給する補償制度があった。ここでは日本人だけでなく、日本の植民地にされた朝鮮や台湾の人たちにも同じように支給された。戦後になって、一九四六年に生活保護法の制定にともなって、戦争被害者への特別の給付はなくなり、戦時災害保護法は軍事扶助法、軍人恩給とともに廃止された。

連合国の日本占領が終わると、一九五二年には軍人、軍属のみを対象とする戦傷病者戦没者遺族等援護法ができ、一九五三年には軍人恩給が復活し、軍人への特別給付だけが作られた。対象外とされた民間人は、国家補償を求める運動をした。これに対して政府は、民間人全体に対象を広げることはしないで、徴用工、勤労動員学徒、挺身隊員、警防団員など一部の人たちを、戦争協力者として、軍属に準じる扱いをして、援護法による支給をした。しかし、空襲による一般民間人の遺族や傷害者は依然として残されたままである。

一九八〇年代になって、一般戦災者が国家補償を求める訴訟を起こした。有名な名古屋の訴訟以外に、あまり知られていないが、東京でも個人が国家補償を求める裁判を起こしている。しかし、いずれも、戦争犠牲ないし戦争損害は、国の存亡にかかわる非常事態のもとでは、国民がひとしく被害を受忍しなければならないという「受忍論」によって訴えが退けられた。そして、二〇〇七年三月に、東京都空襲犠牲者遺族会の関係者による、東京空襲が国際法違反である認定と補償を求める集団訴訟が提起されたわけである。しかし、これは日本政府を相手とするもので、アメリカ政府を訴えたものではない。

終わりに

以下に、報告で十分に展開できなくて、残された論点をあげておきたい。

一、空襲規則の国際慣習法化と無防守都市の定義

二、無差別爆撃の歴史の中での、重慶空襲と日本空襲との位置と関連
三、日本国内のみでなく、日本の支配地全体への空襲における、連合国による中国への爆撃の意味
四、和解には事実を知ることと被害者への謝罪と補償が不可欠であるが、補償をどこに求めるべきか
五、博物館が空襲研究において果たす役割と展示のあり方
六、博物館と市民運動との関連

（掲載時所属：公益財団法人政治経済研究所
戦争災害研究室主任研究員）

8

『足元からみる民俗（二三）―調査報告書第三三集』（二〇一五年三月　仙台市歴史民俗資料館）

日本空襲をいま改めて考える
―空襲の実相と空襲後の諸問題―

〈二〇一四年六月二八日・講演会記録〉

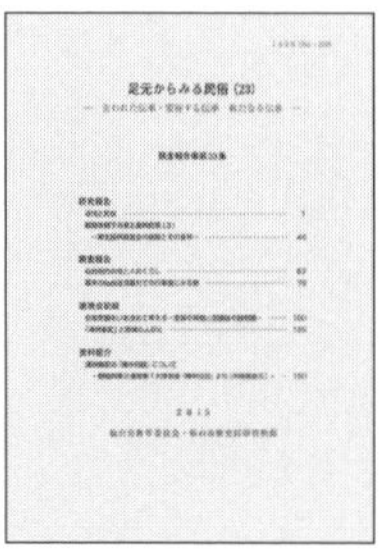
足元からみる民俗（23）

2015

はじめに

館の方から話すべきテーマをたくさんいただいたのですが、以下の九点に整理して、お話させていただきます。仙台でお話しますが、仙台空襲には直接ふれないで、その背景となる日本空襲について、それを世界の空襲の中に位置づけることも含めてお話します。

1. 世界の空襲の歴史
2. 日本が実行した中国都市空襲
3. 日本の支配地全体への連合国の空襲
4. 日本本土空襲
5. 本土空襲の中でのB29爆撃機による空襲の種類と時期区分
6. 地域無差別爆撃の目標と被害
7. 軍需工場への精密爆撃とその他の爆撃
8. 一般空襲被害への対処と補償
9. 空襲記録運動の歴史―記録と体験記

第一次世界大戦以降、戦争が戦場で軍隊が戦うだけでなくて、経済力を含む国の総力をあげた戦争、総力戦になったと言われます。その結果、戦争に勝つために、軍需生産を破壊する、また一般民衆を殺傷することによって、国民の戦争継続の意欲をなくすことがねらわれます。そして、国内の地上戦にならないところでも、戦争の被害を受けることがおきます。その典型が、空襲だと思います。圧倒的な戦力の差があって、制空権を握ることができて、相手の国内に飛行機で入って行って、そこに爆弾を落とす空襲が可能になるわけです。その意味で空襲は非対称的な戦争であると言われます。日本の場合もそうでして、日中戦争時期には、日本が中国で爆撃をしていましたが、逆に戦争末期には、日本国内で連合国の爆撃を受けることになりました。

1　世界の空襲の歴史

(1) 空爆の始まり

次に、空襲の歴史について、簡単に話したいと思います。飛行機の発明自体は二〇世紀の初めです。それからまもなく、戦争に使われたわけです。大規模に使われたのが、第一次世界大戦のときの一九一五年から一九一八年にかけてです。特にヨーロッパで、ドイツはロンドンやパリなどの都市を空襲し、イギリス、フランスもドイツの都市を空襲するように、それぞれ相手側の都市を爆撃したわけです。同時に日本も、青島を占領するときに、一九一四年九月五日から一一月七日にかけて空襲をし、爆弾を市街地に投下する爆撃をしています。

それとともに、第一次世界大戦の前後から、植民地を持つ国が、植民地から独立をめざす運動を攻撃する場合に、飛行機がずいぶん使われました。いくつか例をあげてみます。一九一一年のイタリアの北アフリカ征服戦争、スペインが一九二一年から一九二七年にかけて、リーフ共和国を壊滅させようとやったリーフ戦争、一九三五年から一九三九年にかけてのイタリアがエチオピアを占領するための戦争、そういった植民地に対する帝国主義国の戦争の場合に、よく空襲がなされました。しかも、爆弾とか焼夷弾だけではなくて、毒ガスも使用しています。毒ガスは、第一次世界大戦の時に使用されて、その後使用禁止になるのですが、植民地に対する戦争の場合にはその後も使われました。先進国の都市間空襲と同時に、植民地戦争の中で、空襲が行われたことが、空襲の歴史の始まりとしては大事な点です。

第一次世界大戦の経験を経て、飛行機による爆撃だけ相手側を降伏させようという考えが出てきます。それが戦略爆撃の思想です。そのために軍事基地や軍需工場などの軍事目標を飛行機で爆撃して、相手の抗戦力をなくすということが、最初の考えです。しかし、進展して、民間人の居住地をも爆撃して、市民に被害を与えて、戦争を継続する意欲をなくし、それによって勝利をするという無差別爆撃の思想がでてきます。経済力の破壊だけでなく、民間人を殺傷して、相手側を負かそうということになったわけです。しかし、爆撃で民間人に被害を与えても、それだけで相手が戦争をやめることは、実際にはなかなかないのです。しかし、非常に有力的な考え方であり、軍にとって魅力的な考え方でして、第二次世界大戦のときにもずいぶん戦略爆撃が行われました。

第一次世界大戦から第二次世界大戦の間の戦間期にも、いくつか空襲がありました。一つは満洲事変のときに、日本が空襲をしています。遼寧省の省都である錦州に対して、市街地爆撃を行います。規模は大きくないのですが、兵士だけでなく一四人の市民を殺害しています。

ヨーロッパの方では、ゲルニカ爆撃が有名です。スペイン内乱の際の一九三七年に、ドイツとイタリアの空軍が、反乱軍側を応援し、ゲルニカはじめいくつかのバスク地方の都市を爆撃しています。木造家屋が多い人口密集地に対して、焼夷弾、爆弾を落としています。ゲルニカ自身の被害は、市街地の七〇％が焼失したといわれ、最近のゲルニカの博物館などの研究では、二〇〇〜二五〇人が死亡していると考えられています。大勢の方が亡くなったわけではなく、ほかの都市の方がむしろ、多いくらいです。しかし、それまでのリーフ戦争とか、エチオピア戦争のように、植民地の住民に対する爆撃ではなく、ヨーロッパの住民に対する爆撃だったという点で、大きな非難を浴びます。ヨーロッパの人たちは、アフリカとかアジアに対して、爆撃が行われても、あまり思わないわけで、ヨーロッパの中でそういうことが行われると非常に問題にするわけです。ゲルニカ爆撃の直後に、日本も中国の都市を爆撃するわけです。そのことは、あとで話します。

（2）空襲規制の国際法

空襲の歴史について、始まりとともに、もう一つお話したかったのは、空襲を規制する国際法の問題です。一つは一九〇七年に、「ハーグ陸戦規則」ができます。この二五条に「防守せざる都市、村落、住宅又は建物は、如何なる手段に依るも、之を攻撃又は砲撃することを得ず。」とあります。これは防守されていない都市（無防守都市）を攻撃してはいけないという規定です。その際、問題になるのは、普通、地上戦で占領されようとしている都市が、防守都市かどうかということです。これが基本的な考え方です。地上戦から離れた都市はたとえ防備していても防守都市とはならないわけです。

しかし、日中戦争当時、日本海軍中心に重慶爆撃を実行するわけですが、そのときには、『週報』という日本政府の公報雑誌の一九三八年八月一七日発行の第九六号で、海軍省は「空爆と国際法」という文章の中で、「現今の都市において陸海空軍のいづれかに対し相当の防御施設を備へ、又は有事の際、相当兵力を配備せぬものはあり得ないのであるから、恐らく重要都市はすべていはゆる防守都市となることであらう。そして一旦「防守せられた都市」等となれば攻撃者はこれ等に対して軍事的目標に限らず無差別の攻撃を加へことが出来得る。」と書いています。つまり、現代の都市は航空機で守られているとか、高射砲で空襲に対して備えており、したがって防守都市なので「ハーグ陸戦規則」に関係なく、無差別爆撃をしてもかまわないとしていたわけです。そのように無差別爆撃を正当化し、また、日本国民に対して宣伝して、重慶爆撃を実際に実行していました。しかも、重慶市内の区切った地域を次つぎと焼き尽くすような爆撃もしていたわけですが、そういうことも許されるとしていました。

もう一つは、一九二二年にできた「ハーグ空戦規則」があります。これは調印はされましたが、批准されなかったので、実定法にはなりませんでした。この中で「軍事目標主義」をとっていて、次のような規定がありました。

二二条　普通人民を威嚇し、軍事的性質を有しない私有財産を破壊し若しくは毀損し、又は非戦闘員を損傷することを目的とする空中爆撃は、禁止する。

二四条

一　空中爆撃は、軍事目標、すなわち、その破壊又は毀損が明らかに軍事的利益を交戦者に与えるような目標に対して行われた場合に限り、適法とする。
二　右の爆撃は、もっぱら次の目標、すなわち軍隊、軍事工作物、軍事建設物又は軍事貯蔵所、兵器弾薬又は明らかに軍需品の製造に従事する工場であって重要で公知の中枢を構成するもの、軍事上の目的に使用される交通線又は運輸線に対して行われた場合に限り、適法とする。
三　陸上軍隊の作戦行動の直近地域でない都市、町村、住宅又は建物の爆撃は、禁止する。第二項に掲げた目標が普通人民に対して無差別の爆撃をなすのでなければ爆撃することができない位置にある場合には、航空機は、爆撃を避止することが必要である。
四　陸上軍隊の作戦行動の直近地域においては、都市、町村、住宅又は建物の爆撃は、兵力の集中が重大であって、爆撃により普通人民に与える危険を考慮してもなお爆撃を正当とするのに充分であると推定する理由がある場合に限り、適法とする。

つまり、非戦闘員への爆撃を禁止することと、それから軍事施設と民間人の住宅を区別しない爆撃も禁止するということをうたっていました。ただし地上戦で占領されようとしている都市に対する場合には、民間への爆撃はしてもかまわないという規定もあったわけです。

そういう内容で、批准はされなかったのですが、しかし、それぞれの国でも、この精神を尊重して、空襲についての規則や方針などで空襲のやり方を規制していきます。日本海軍航空隊が一九三七年七月に制定した「空戦に関する標準」も同じ内容です。

同時に国際連盟でも、そういうことが合意されていくわけです。日本軍の中国爆撃とか、スペインのゲルニカ爆撃を受けて、一九三八年九月三〇日に「戦時における空爆からの文民の保護」という決議がなされ、非戦闘員への爆撃禁止の精神が認められるわけです。「ハーグ空戦規則」は、実定法としては成立しなかったが、慣習法としては当時すでに存在していたと考えられています。

それぞれ各国も民間に対する爆撃に対して、この精神で批判をしていくことになります。日本も、重慶爆撃のときにはさきほどのような海軍の考え方で無差別爆撃を正当化しますが、その後、日本が空襲を受けたときには、防備されている都市でも、市街地の民間人を殺戮するような爆撃に対しては、非人道的な爆撃であり、国際法違反であるとして非難します。実際に一九四四年一〇月一〇日の沖縄の那覇空襲のときと、一九四五年三月一〇日の東京大空襲のときに、いずれも無差別爆撃としてアメリカに抗議しています。一般空襲だけでなく、原爆に対しても戦争中は抗議をしています。さらに、捕虜になった無差別爆撃を爆撃した者に対して、日本軍の裁判によって裁きました。無差別爆撃実行者を国際法違反で軍律裁判で裁いて処刑をするということが、すでに初空襲のときからあり、戦争末期の空襲でも多くありました。ときには裁判を省略して、処刑した場合もありました。しかし、このことは戦後には逆に「戦争犯罪」として裁かれることになります。

以上が世界の空襲の歴史でおさえておきたい点です。

2　日本が実行した中国都市空襲

それから二番目は日本が実行した中国都市空襲です。日中戦争は一九三七年七月七日に始まりますが、一九三七年八月一五日頃から、華北だけでなくて、中国と全面戦争になっていくわけです。その時に、南京に対して、九州や台湾から海を越えて爆撃しました。「渡洋爆撃」と日本側は言っていました。南京爆撃は八月一五日頃から一二月一三日の南京占領まで続きました。三六回の空襲で六〇〇機の飛行機が三〇〇トンの爆弾を投下し、三〇〇〇人以上が亡くなっています。日中全面戦争の初期には日本は南京以外にも、上海・漢口・抗州・南昌・広州・アモイなど、六〇以上の都市にも空襲しています。その後、日本が武漢を占領したあと、持久戦になって、地上戦でそれ以上攻めることができなくなったときに、空襲によって、重慶に臨時首都を置いた中国政府を屈服させようとしました。世界史的にも最初の本格的な戦略爆撃となります。しかし、中国を屈服させることはできませんでした。

重慶など中国奥地爆撃の特徴は、非常に長い期間、継続的に行われたことです。重慶爆撃は一九三八年一二月から一九四三年八月まで続きます。日本空襲の場合は一年弱ぐらいですので、それに比べて非常に長期だったことが解ります。特に一九三九年から一九四一年にかけて、毎年春から秋の時期にかけて継続的に大規模な都市無差別爆撃をしました。冬の時期は重慶が霧におおわれていて爆撃できませんでした。日本海軍航空隊による本格的な空襲が始まった一九三九年の五月三日と四日に、死者三三一八人、負傷者一九三七人、損壊家屋三八〇三戸という非常に大きな被害がもたらされました。翌一九四〇年には「一〇一号作戦」ということで、重慶の市街地を区域に分けて、それぞれを破壊していくような空襲が行われます。一一二日間に三二回の爆撃があって、死者四一四九人、負傷者五四一一人、損壊家屋六九五二戸という被害がありました。日本が受けた都市空襲と同じように、地域を完全に破壊尽くすような空襲を、日本は重慶爆撃でやっていました。このような爆撃に対して「絨毯爆撃」という言い方がされます。

一九四一年にも大きな「一〇二号作戦」が行われますが、その前の五月～六月段階で二二回の空襲がありました。この中で、六月五日に、直接の爆撃によるものではありませんが、防空洞で、酸欠と混乱によって約一〇〇〇人という大勢の方が窒息死・圧死するという事件が起きています。「十八階梯大隧道窒息惨案」と呼ばれています。「一〇二号作戦」では七月～八月に二〇回の空襲があって死傷者は一万〇〇三八人にのぼります。

重慶市内に限ってみた場合に、一三〇回以上の空爆により、一万人以上が亡くなり、死傷者は二万人以上という被害がありました。

以上が日本が行った空襲の問題です。

3　日本の支配地全体への連合国の空襲

次に日本の受けた空襲に入ります。日本の空襲を考える場合に、今の日本の範囲で考えるのではなく、当時の日本が占領していた支配地を含む日本全体に対する空襲として考える必要があります。実際連合国側は、当時の日本が占領していた支配地全体に対する空襲をしていました。さまざまな爆撃があるのですが、B29爆撃機は日本の本土への爆撃が主でしたけれども、日本本土への本格的な爆撃になる以前に、日本の占領地を爆撃していました。まず、インドのカルカッタ近郊のカラグプールやセイロンの飛行場を基地に、一九四四年六月五日から一九四五年一月一一日にかけて、バレンパンの精油所、バンコックの操車場や鉄橋、ラングーンの操車場、シンガポールのドックなどを空襲しています。

そのあと、中国の奥地の成都近郊に、中国政府の協力により4つの飛行場を作って、そこから爆撃をします。ただし、ここでは燃料をインドから運んでこなければならなかったことと、成都からだと、B29の飛行距離の関係で、爆撃できるのは日本本土では北九州だけでした。成都からの爆撃は一九四四年六月一六日から一九四五年一月一七日まで行われました。九州の小倉、八幡製鉄所、長崎、大村航空廠、大刀洗、大牟田、台湾の岡山工場、嘉義・台中飛行場、新竹飛行場、基隆港、満洲の鞍山の昭和製鋼所、炭鉱があった本渓湖、奉天の飛行場、朝鮮の済州島など、九州、台湾、満洲の軍事施設を主に爆撃しています。それとともに、武漢、南京、上海などの市街地も爆撃しました。特に一九四四年一二月一八日に武漢の漢口に対して焼夷弾によって、市街地を焼き払う「絨毯爆撃」を行っています。これはそのあとの東京などの都市に対する焼夷弾爆撃のさきがけになるものです。被害の状況はまだよく解っていません。日本による重慶爆撃に対しては、中国でも最近研究が進んできて被害状況が解ってきていますが、中国の中の日本が占領している地域への連合国による爆撃についての研究は、日本でも中国でもほとんどなく、被害状況が解っていないのが、今の研究状況ですし、あまり語りつがれてもいないようです。

日本の支配地への爆撃で、むしろ多かったのは、B29爆撃機以外による空襲です。空母から飛びたった艦載機による空襲が、中国からベトナムにかけての沿岸都市に行われました。また、台湾に対しても、先ほど言った一九四四年一〇月一〇日の那覇空襲に続けて一〇月一二〜一四日に、台湾に対する空襲をしています。これに関しては、日本側の記録があって、三八一人の民間人の死者、三四八人の民間人の負傷者、一九四九戸の焼失があったことが解っています。

空母からの艦載機による空襲以外に、中国などにあった連合国の基地から、B29より小さいB24とかB25爆撃機による広東、香港など日本の支配下にある中国やインドシナ、タイ、フィリピン、台湾などへの爆撃がありました。

広東の場合は、一九四三年五月八日に爆撃がありまして、「五八爆撃の惨劇」と言われた被害がありました。香港の場合には、一番大きかった空襲は、一九四五年一月二一日で、当時の日本の新聞の報道は、中国人一〇〇〇人以上が死亡し、約三〇〇〇人が負傷し、家屋五〇〇戸が破壊されるという被害があったことを伝えています。

台湾に関しては、艦載機による爆撃とは別に、一九四四年五月三一日に台北大空襲がありました。台湾ではアメリカ軍の空襲についての研究がありまして、それによると三〇〇〇人くらいの方が亡くなったと言われています。

わたくしが日本の支配地への爆撃に注目したのは、東方社という日本の軍の下で、対外宣伝の雑誌を作っていた団体のカメラマンが空襲被害写真を撮っていまして、その中に中国の広東、香港、桂林、武漢などの空襲の被害、さらにはベトナム、タイの空襲被害の写真も撮っていたことを知ってからです。中国や東南アジアの都市に対する連合国の爆撃に、当時の日本の新聞や雑誌は非難をこめて報道しています。

日本の支配地全体に対する空襲はそういうことです。

4　日本本土空襲

次に、日本本土に対する空襲ですが、最初は概括的な話をします。日本への空襲で一〇〇都市以上が大きな被害を受けました。原爆を含めて民間人の死者は約四一万人と、わたくしは考えています。原爆による死者数については、さまざまな数え方があります。最近、定着しているのは、一九四五年中に亡くなった方が広島は一四万人、長崎は七万人で、合計二一万人というものです。もちろん即死の方は少ないし、原爆の後遺症で亡くなった方を含めれば、三〇万人にもなるわけです。原爆以外の空襲で亡くなった方は、ほぼ二〇万人であると考えています。いろいろな統計も、大体それぐらいです。

まだ完全版ではないですが、地域でのいろいろな調査・研究の進展があって、その結果の信頼できる数字を載せたのが、東京大空襲・戦災資料センター作成「本土空襲による主な地域の死者数についての諸調査集計表」の「地域史」の欄です。ここでは、本土空襲によって、当時の八二二市町村、現在の五四三市町村で、二〇万三〇六八人の一般民間人が死亡したとしています。宮城県の場合は参考文献にあげた『宮城県警察史』だとか、『仙台空襲』などによって書いたのですが、宮城県が一二一二人、当時の仙台市が一〇五二人亡くなっています。これは民間人で軍人・軍属は省いた数字ですので、一般に言われるよりも少し少なくなっています。

B29爆撃機による爆撃はあとにして、先に空母の艦載機からの空襲と小型陸上機による爆撃について話します。空母の艦載機からの空襲で、最初に民間人の被害が確認できるのは、一九四四年六月一五日に東京都の小笠原や硫黄島への空襲です。警視庁の記録によると、小笠原の父島・母島で、民間人死者二〇人、被害家屋一九三戸、罹災者四六七人です。この後、一九四四年一〇月一〇日と一九四五年一月二二日に、沖縄県の那覇市など沖縄本島と先島、鹿児島の奄美群島への空襲があります。民間人死者は沖縄が三六七人、奄美が三七人です。これは『沖縄県史』の記載によるものです。この無差別爆撃で一万一七五一戸の家屋が被害を受け、那覇市の市街地の九〇%が焼失するという大変な被害でした。先に見たように、日本政府はアメリカに抗議しましたが、アメリカは無視しました。

このあと、空母の艦載機からの空襲には、一九四五年二月一六日・一七日の中島飛行機の工場や、東京周辺の防空飛行場に対する爆撃があります。三月には、沖縄戦支援のために、九州の飛行場や内海の船舶への爆撃がありました。七月一四日・一五日には、北海道の十勝地方や函館・室蘭、青函連絡船などが爆撃されました。北海道はB29爆撃機の航続距離外なので、B29による爆撃はないのですが、艦載機の爆撃による被害が出ています。それ以外にも、艦載機による民間人の被害は多くあるのですが、七月二五日には、軍事施設と間違えたものと思いますが、大分県の保戸島国民学校への空襲で一二七人が死亡しています。列車への艦載機による機銃掃射で、八月五日、猪鼻トンネルで中央本線四一九列車の六四人が死亡するなど、大きな被害がありました。

次に、小型陸上機による爆撃について話します。まず、B25爆撃機による日本本土初空襲が一九四二年四月一八日にありました。まだB29が出来る前で、空母から発進して、東京とその周辺、名古屋、神戸などを爆撃しました。規模は小さいのですが、これも無差別爆撃でして、東京では品川区の被害が大きく、荒川区の尾久では、赤ん坊を含めて一家六人全員が焼死するような被害を受け、葛飾区では国民学校高等科の男の生徒が、牛込区では早稲田中学校の生徒が亡くなっています。死者は東京三九人、川崎三四人、名古屋八人、神戸一人、埼玉一二人などが記録されています。

その後、千島列島には、一九四四年七月からB25・24爆撃機による爆撃が始まります。小笠原への爆撃は一九四四年八月から、アメリカ軍によって占領まで続きます。硫黄島占領後、ここを基地に小型のP51戦闘機による日本への空襲が実施されます。B29の昼間の爆撃の援護とともに、人を狙った機銃掃射、東京周辺につくられた防空飛行場に対する爆撃も行われました。

六月の沖縄占領後沖縄を基地に、爆撃機が九州の交通要所の都市などを空襲します。大きな被害としては、久留米市が一九四五年八月一一日に空襲を受け、二一三人という死者が出ています。ほとんどの都市に対する空襲は、B29が多いのですが、B29以外の空襲もあったわけです。

5 本土空襲の中でのB29爆撃機による空襲の種類と時期区分

次にB29爆撃機による空襲の種類と時期区分について話します。先ほど言ったように、まず成都からの日本本土空襲があって、そのあと一九四四年一一月以降マリアナからの本格的な空襲があります。これは北海道を除く日本本土全域に爆撃して帰ることができるということで空襲したわけです。

以下のようにいろいろな種類の空襲がありました。硫黄島占領前には、硫黄島の飛行場と高射砲陣地爆撃が一九四四年一一月五日から一九四五年二月一二日にかけてありました。そのあと、軍事工場、特に飛行機工場への爆撃が一九四四年一一月二四日から始まって一九四五年八月一五日の最後までありました。大都市への焼夷弾空襲は、一九四五年三月一〇日から六月一五日までです。機雷投下は一九四五年三月二七日から八月一五日の最後までしていました。沖縄戦のときの一九四五年四月一六日から五月一一日に、九州の基地・飛行場に対する爆撃をしています。石油基地に対する爆撃は一九四五年六月二六日から八月一五日の最後までしています。大都市への焼夷弾空襲が終わったあと、中小都市への焼夷弾空襲が一九四五年六月一七日から八月一五日の最後までなされました。そして最後に原爆投下とともに、原爆と同じ大きさで中身は通常爆弾である模擬原爆の投下が一九四五年七月二〇日から八月一四日までありました。

時期区分としては、第一期が一九四四年一一月二四日から三月初めくらいまでで、主として航空機工場などを通常爆弾で超高度昼間精密爆撃をしました。

第二期は、一九四五年三月一〇日の東京下町の大空襲から六月一五日の大阪大空襲までで、焼夷弾を大量投下し、東京都区部、大阪、神戸、名古屋、横浜、川崎などの大都市市街地を焼き払う爆撃をしました。

第三期は、一九四五年六月一七日より八月一五日まで、中小都市の市街地を大量の焼夷弾によって焼きました。

6　地域無差別爆撃の目標と被害

次はB29爆撃機による地域無差別爆撃について話します。B29の開発は、一九三九年から計画し、一九四〇年には B29の試作機が制作され、一九四一年九月には三〇億ドルで量産を発注し、一九四二年九月には試作機の試験が成功し、一九四三年七月に量産機が出来はじめて、一九四四年四月には、インドに、次いで成都に配備されました。B29はヨーロッパでは使われず、対日戦用に量産されて使われました。

目標の決定ですが、アメリカ空軍参謀部は、一九四三年二月に日本と日本の支配地における目標の研究を始めました。一九四三年一一月の作戦分析委員会報告「極東における経済的目標」において、六つの重要な戦略目標（商船建造、鉄鋼、都市工業地域、航空機産業、ボールベアリング、電子工業）があげられています。そのあと一年後に見直しまして、一九四四年一〇月の報告では、重要な戦略爆撃目標を航空機関連産業と、大都市の市街地に絞っています。副次的な目標として、港運への機雷投下作戦も上げています。つまり、目標としては、戦争遂行のための工場を破壊すると同時に、市街地を焼き払うような空襲をする計画を、すでに一九四五年三月一〇日の東京大空襲のかなり前から持っていたわけです。逆に言うと、必ずしも軍隊の兵舎などの軍事施設や鉄道の駅などの輸送施設は主要な目標にはなりませんでした。戦争末期になって岩国駅が爆撃されました。これらのことが日本の戦略爆撃目標の特色です。

この空軍内の作戦分析委員会報告での目標の設定を受けて、軍全体の統合参謀本部の決定がなされるのは、一九四四年四月です。ここでは、先ほどの六目標に石油関連施設を加えて、七目標をB29爆撃機の空襲対象として決定します。同時に目標の都市工業地域は、東京、川崎、横浜、名古屋、大阪、神戸の六大都市に特定します。

そのあと一九四四年五月に、一九四五年の三月から六大都市に総攻撃を始めることを決定します。これはB29の機数が揃って、十分配備できて戦力が整い、しかも季節風が強い時期を選んだわけです。そのための戦力の強化、B29爆撃機や焼夷弾の大量生産を開始しました。また、日本向けの焼夷弾も開発しています。日本で使われた焼夷弾は、M六九というのが主なのですが、ヨーロッパで使われた貫通力強いM五〇と違って、貫通力は弱いのですが、中にガソリンと油脂などのねばねばさせる物を混ぜたナパームを入れたものです。それが木造家屋を突き破って入って、中で焼くにはちょうどよいもので、油脂が飛び散って、人やふすま・障子などにへばりついて、燃やすもので、消火しにくいものでした。この開発に当たっては、アメリカのユタ州の砂漠にあるダグウェイ試爆場に日本の長屋風の家屋を再現し、これを標的に実験をしています。一方M五〇は五月の東京の都心部の空襲ではコンクリートを突き破って焼くのにこれが使われました。また、ヨーロッパの戦争が終わった後の日本の空襲でもずいぶん使われました。

ここで、大都市市街地空襲について話します。第一期は、飛行機工場への爆撃が中心なのですが、それを爆撃できない場合に、第二目標の都市の市街地への無差別爆撃を行っています。このような東京空襲もけっこうあって、一九四五年一月二七日の銀座空襲もそうですが、繁華街が爆撃され、悲惨な被害が起き、日本側にかなり衝撃を与えた市街地爆撃でした。また、試験的な焼夷弾空襲を一九四五年一月三日の名古屋、二月四日の神戸、二月二五日の東京と行っています。

第一期の試験的な焼夷弾空襲をふまえて第二期の大都市市街地空襲がなされました。一九四五年三月一〇日の東京、三月一二日と一九日の名古屋、三月一三日～一四日の大阪、三月一七日の神戸と、各都市の焼夷地区一号と指定された最も燃えやすい密集地を焼き払う絨毯爆撃を行いました。

そこで焼夷弾を使い切ってしまって、一旦、小休止があります。四月に再開され、四月一三日～一四日の東京の西北部と、四月一五日～一六日の東京南部と川崎とで空襲がありました。そのあと沖縄戦の支援作戦で大都市焼夷弾空襲を中断して、五月に再開します。五月一四日・一七日の名古屋、五月二四日と二五日～二六日の東京山の手、五月二九日の横浜、六月一日・七日・一五日の大阪、六月五日の神戸と、大都市の市街地を焼き払っていくような空襲が行われました。

大都市空襲の被害ですが、東京都区部の被害が非常に突出しています。東京の五大空襲はいずれも、市街地爆撃でした。さきほど原爆以外の空襲で亡くなった民間人は約二〇万人であると言いましたが、東京空襲でその半分の一〇万五四〇〇人の遺体が確認をされています。罹災者は約三〇〇万人、全焼・全壊戸数は約七五万戸です。約一四〇平方キロが破壊され、住宅密集地の約五割、区部の面積の約二五％が、破壊されるような空襲を東京は受けています。

それに次ぐのは大阪です。大阪市の民間人死者は一万〇二八三人です。ドイツの場合には何万人も亡くなった都市が多くありますが、日本の場合、通常空襲で一万人を超えたのは東京と大阪だけです。大阪の七大空襲のうち、市街地爆撃は四回ですが、市内の軍需工場に対する三回の大空襲の巻き添えによる民間人の被害も多くあります。大阪には飛行機工場ではなくて、それ以外の住友金属や大阪陸軍造兵廠などが一九四五年六月二六日、七月二四日、八月一四日に爆撃されました。

名古屋市は、民間人死者が七八五八人です。市内に飛行機工場があって、初期からその巻き添えによる死者がでています。市街地爆撃は四回ありましたが、むしろ軍需工場爆撃による民間人死者の方が多くありました。一九四五年六月九日の愛知時計電機熱田工場空襲で民間人死者二〇六八人、一九四五年三月二五日の三菱重工業発動機工場空襲で民間人死者一六一七人などの大きな被害がでているのが特徴です。

神戸は民間人死者が六二三五人で、住宅密集地の六一

%が破壊されましたが、これは東京の破壊率を上回るものでした。
横浜は民間人死者が四六一六人、川崎は民間人死者が七六八八人でした。

六月一五日に大都市市街地空襲が終わったあとの第三期に、中小都市市街地空襲が行われました。中小都市市街地空襲では五七の目標都市が空襲されました。目標都市をどう選んだのかですが、アメリカ軍は大都市・中小都市をあわせて一八〇都市を市街地爆撃の目標都市にしていました。これは一九四〇年の国勢調査の人口順に並べたものです。この中から、すでに焼け野原となった大都市、原爆投下目標都市、北海道の都市などをはずしていますが、北海道と勘違いした都市もはずされています。この中から、夜間レーダー爆撃が容易で、建物が密集して延焼しやすく効率的に居住地を焼き払える都市を選びました。必ずしも、軍の師団や連隊の衛戍地（駐屯地）とか、飛行機関係などの軍需工場があるという理由で選んだわけではありません。むしろ市街地爆撃では郊外や近隣町村にある軍施設や軍需工場は爆撃からはずしていました。都市を焼いて、そこに住んでいる人を殺傷するような市街地を破壊する空襲でした。以下の通りに一回に四都市を標準に一六回にわたって、中小都市爆撃を実施しました。

第一回　六月一七～一八日　鹿児島、大牟田、浜松、四日市
第二回　六月一九～二〇日　豊橋、福岡、静岡
第三回　六月二八～二九日　岡山、佐世保、門司、延岡
第四回　七月一～二日　呉、熊本、宇部、下関
第五回　七月三～四日　高松、高知、姫路、徳島
第六回　七月六～七日　千葉、明石、清水、甲府
第七回　七月九～一〇日　仙台、堺、和歌山、岐阜
第八回　七月一二～一三日　宇都宮、一宮、敦賀、宇和島
第九回　七月一六～一七日　沼津、大分、桑名、平塚
第一〇回　七月一九～二〇日　福井、日立、銚子、岡崎
第一一回　七月二六～二七日　松山、徳山、大牟田
第一二回　七月二八～二九日　津、青森、一宮、宇治山田、大垣、宇和島

第一三回　八月一～二日　八王子、富山、長岡、水戸
第一四回　八月五～六日　佐賀、前橋、西宮、今治
第一五回　八月八日　八幡、福山
第一六回　八月一四～一五日　熊谷、伊勢崎

中小都市空襲の被害ですけれども、軍需工場などへの空爆による被害もあわせて、何千人もの民間人の死者がでた都市があります。鹿児島、浜松は死者が三〇〇〇人をこえており、大都市の川崎などよりも多くなっています。日立、明石、姫路の場合は、市街地空襲よりも軍需工場への空爆でより多くの方が亡くなられています。大都市よりも中小都市の方に市街地の焼失率が高い都市があります。富山は九八%、鹿児島は九〇%、福井は八五%、沼津は八一%、八王子は八〇%、一宮は八〇%、福山は八〇%と記録されています。市街地の八～九割が焼ける大きな空襲は、むしろ中小都市の方にあります。これが市街地爆撃です。

7　軍需工場への精密爆撃とその他の爆撃

次が軍需工場に対する爆撃です。これは精密爆撃と言いまして、飛行機工場などの軍需工場や飛行場などの軍事施設への爆撃は最初から実施されました。第二期以降も軍需工場への精密爆撃は続けられています。軍人や工場の労働者が亡くなるだけでなく、動員された学徒や挺身隊の女性たちも犠牲になっています。それだけでなくて、軍事施設周辺の民家も巻き添えで被害を受けています。

一八〇都市を市街地爆撃の目標都市とは別に、爆撃目標施設をリストアップしたものもあります。これには航空機関連・石油関連・鉄鋼所・造船所・兵器・火薬・電機・機械工業・化学工業・セメント・自動車・車両などの軍需工場、軍需工場に転化した繊維工場、炭鉱・発電所・変電所・ガス製造所、港・埠頭・桟橋・操車場・車庫・駅・橋・倉庫などの交通運輸関係施設、飛行場、電話局・無線通信所通信施設、気象台などの他、青果・魚の卸売市場、浄水場の堰などがあげられています。飛行

場とか、陸海軍の工廠を除くと、軍の兵舎など軍施設はむしろ少なくなっています。総力戦で、戦争遂行のための工業力の破壊に重点がありました。

軍需工場の爆撃ですけれども、第一期は飛行機関係の工場を重点的にやっています。東京の中島飛行機武蔵製作所、名古屋の三菱重工業発動機製作所や三菱重工業航空機製作所、明石の川崎航空機、中島飛行機太田製作所などです。

第二期も、武蔵や小泉の中島飛行機、名古屋や静岡の三菱重工業、立川の飛行機工場などの飛行機工場と、郡山の化学工場などが爆撃され、大きな被害を受けました。

六月以降で、特徴的なのは、昼間に目視で複数地域の多数の目標に戦力を分散し、同時に爆撃する作戦が行われました。六月九日・一〇日・二二日・二六日、七月二四日に実施され、名古屋、各務原、大阪などの軍需工場が爆撃されました。

戦争末期にも軍需工場が大規模に爆撃されました。八月七日の愛知県の豊川海軍工廠空襲は約二五〇〇人が亡くなっているのですが、海軍の工場ですので死者のほとんどは軍人や軍属ですし、さらにこのときの空襲で亡くなった勤労動員の学徒を軍属扱いにしたので、民間人の被害は少なくなっています。八月一四日に最後の大阪陸軍造兵廠や光海軍工廠への爆撃がありました。

その他の爆撃について、まず石油作戦について話します。沖縄戦支援の作戦での時期に先駆として、一九四五年五月一一日に、徳山の第三海軍燃料廠、岩国陸軍燃料廠、大浦油槽所が爆撃されました。石油作戦は一九四五年六月二六日〜八月一五日に一五回行われました。石油精製施設へのレーダーを使った夜間爆撃でした。四日市の第二海軍燃料廠、日本石油下松製油所、丸善石油下津製油所、川崎人造石油、日本石油尼崎製油所、帝国燃料宇部工場、椒村の東亜燃料和歌山製油所、土崎の日本石油秋田製油所が爆撃されました。

交通機関への空爆では、一九四五年八月一四日の岩国駅への空爆で五一七人が死亡しています。

機雷投下作戦は、一九四五年三月二七日〜八月一五日に四四回夜間に実施され、日本海沿岸、瀬戸内海、名古屋、東京、関門海峡、舞鶴敦賀地域、新潟港が重点でした。

模擬原爆は長崎に投下されたプルトニウム原爆ファッ

トマンと同じ大型爆弾で、中身は原爆ではなく、五トンの通常火薬でした。まず、原爆の訓練として投下、一九四五年七月二〇日以降、原爆投下予定都市の周辺、中国・四国から新潟・福島にかけて、白昼、高高度から目視で投下されました。八月六日広島に原爆が投下され、八月九日長崎に原爆が投下されました。その後も余った模擬原爆を八月一四日まで投下しています。あわせて四九発の模擬原爆を使用し、死者合計は四〇〇人以上と言われています。

以上、大急ぎで空襲の被害の話をしました。詳しい話は省略しますので、最後に付けた資料の表の方でみていただきたいと思います。

8　一般空襲被害への対処と補償

1　補償制度

次に空襲に対する被害の対処と補償の問題に移ります。

戦争中は総力戦ということで、民間人も戦争被害に対して、補償に準じる準補償の制度が一応できていました。「戦時災害保護法」が一九四二年二月二五日に制定されました。そこでは、国民の戦災被害の一般的な保護がうたわれました。大日本帝国の臣民で、戦争の際の戦闘行為に因る災害（敵航空機の来襲、潜水艦の砲撃に因る災害は勿論、味方高射砲の破片、第三国の敷設したる機雷による災害等を含む。）及び焼夷弾等による被害のための混乱等、これに起因して生じた災害を含めて「戦時災害」によって危害を受けた者とその遺族・家族を対象にしていました。申請は各地方の公共団体にするのですが、費用は国が負担することになっていました。

主な内容は三つありまして、一番目が「救助」です。衣食住、学用品、医療・助産の提供、死体の埋葬等の応急の現物給付または現金給付です。二番目が「扶助」で、戦時災害による傷病及びその治癒後の著しい身体障害またはそれによる死亡に対する本人及び家族または遺族に対する生活扶助・療養扶助・出産扶助・生業扶助です。三番目が「給与金」で、障害給与金、遺族給与金、住宅給与金、家財給与金がありました。これは戦時災害による死亡または傷病の結果著しい身体障害を生じた場合は、その遺族または本人に、住宅・家財が滅失・毀損した場合はその所有者に支給するものです。

「戦時災害保護法」は「戦争に因る損害は総て原則として国家が之を補償補填する」「補償主義の原則」ではなく、「戦争に因る被害者の中真に国家の保護を必要とする者のみを慈恵的に救済する」「救済主義の原則」に立っており、恩恵的に給付するものでした。家財などで火災保険に入っているともらえないとか、補償とは違う面があるのですが、戦後廃止までの四年間、一二万七〇〇〇人の民間戦災者、傷害者、遺族に救済と補償をしました。東京で空襲を受けて、疎開した場合でも、疎開先から給付されました。そういう意味では、準補償というふうに考えられます。戦争中は軍人だけでなくて、民間人も総力戦で、直接、国の仕事に携わったわけでなくとも、被害を受けた人に対する援助制度があったわけです。

それが占領下になりますと、一九四六年九月に戦争被害への特別援護がなくなり、「軍人恩給」と「軍事扶助法」とともに「戦時災害保護法」も廃止になります。なくなった代わりに、戦争被害の救済は、「生活保護法」、「児童福祉法」、「身体障害者福祉法」などの社会保障制度の中に吸収されます。戦後の日本の「非軍国主義化」政策の一環として、軍事被害に対しても、生活困難全体に対する補償制度の中に解消されていったわけです。

問題は、占領がなくなったあと、一九五二年以降、軍人のみを対象とする援護制度ができていくことです。その中で、民間人との差が出てくるわけです。一九五二年の四月三〇日に、「戦傷病者戦没者遺族等援護法」ができます。これは、「軍人・軍属等の公務上の負傷若しくは疾病・死亡に関し、国家補償の精神に基づいて、援護法制定当時、恩給が停止されていた旧軍人・準軍人・旧陸海軍部門の高等文官、戦地勤務のもとの陸海軍部内の有給の軍属とそれらの遺族を対象とするもの」でした。障害者本人には障害年金、更生医療及び補装具を支給し、死亡者の遺族には遺族年金・遺族給与金及び弔慰金を支給し、その他旧国家総動員法に基づく被徴用者、総動員業務の協力者、軍の要請に基づく戦闘参加者、軍人軍属以外で、戦後ソ連邦に抑留された者、国民義勇隊員などの遺族に弔慰金を支給しました。翌一九五三年八月の「恩給法」の改正によって、軍人恩給が復活し、「遺族援護法」の適用は、恩給法の適用を受けない者に限定されました。

その後、「戦傷病者戦没者遺族等援護法」が改正されていくのですが、「軍属」の範囲を拡大するとともに、軍属扱いとして弔慰金のみを支給される「準軍属」の制度をつくり、障害年金、遺族給与金などを支給していきます。さらに、防空従事者「防空監視隊員」、「船舶防空監視員」、「警防団員」などに適用対象を拡大します。格差はあるのですが、多少の援護は届いていくようになります。

しかし、無限定ではなく、あくまで軍務や国の業務の従事者・協力者に絞られています。一般市民の空襲の被害、戦争被害は、遺族援護法などの国家補償による救済の対象となっていません。例外は、沖縄戦犠牲者に対して、壕から追い出されたとか、食料を取り上げられたという人たちを、軍に対する協力とみなして、救済の対象としています。それから原爆被害者は、特殊な被害であるとして、健康を維持するための措置をしていきます。戦後引揚者などに対する救済もされました。民間人の特殊な場合に対する救済をするわけですが、あくまで、一般戦災者に対して及ばないように歯止めをかけてやってきています。

空襲による直接の被害者でなくても、その後遺症で亡くなる方もありますし、当時は衛生状態の悪さから病気や栄養失調で亡くなった方も大勢いますが、その方たちに対しても今にいたるまで援護制度はないままの状況です。

2　民間人空襲犠牲者の補償要求裁判

そういうことではいけないとして、民間人の空襲犠牲者に対する国家補償を要求するさまざまな運動がありました。一般民間戦災傷害者に対する「戦時災害援護法」の制定を求める運動があって、法案は一九七三年から一九八九年にかけて、一四回提出されましたが、いずれも廃案になりました。そのような法律がなかなか出来ない段階で、一九七〇年代の後半に、民間人空襲犠牲者の補償要求裁判訴訟がおこされます。

まず、一人の方が一九七九年におこしたのが、東京大空襲訴訟です。これは、侵略戦争の開始・遂行による妻と子の死亡の損害賠償、戦争災害につき旧軍人・公務員のみ恩給・年金を支給することは違憲であり一般民間人戦争犠牲者への補償を求めること、そして精神的苦痛への慰謝を、請求する裁判です。これは東京地裁で一九八〇年一月二八日、請求棄却の判決があって敗れました。一九八〇年五月一九日の東京高裁でも敗れ、そこで終わりました。東京地裁判決での請求棄却の理由として、以下のことがあげられています。

① 戦争災害は、戦争の非常事態におけるいわゆる公法的受忍義務の範囲内のことであるから、それによって国の損害賠償責任は生じない。

② 戦争災害は、戦争遂行過程で生じた国民全般の平等な負担による国家的存立のための寄与犠牲で「特別の犠牲」ではないから憲法第二九条第三項（正当な補償）の補償は要しない。

③ 戦争災害につき、国が何らかの支給をなすべきか否か等はすべて立法政策の問題であって、現在一般民間人に対して支給すべきであるとの規定がない以上、旧軍人・公務員にたいしてのみ恩給・年金を支給したとしても、憲法第一一条（基本的人権の享有）、第一三条（個人の尊重、生命・自由・幸福追求の権利）及び第一四条（法の下の平等）に反しない。

このような理由で請求は退けられました。

もう一つは、一九七六年八月一四日に提訴された名古屋の空襲訴訟です。これは、「戦時災害援護法案」の国会審議と連携して、同法の制定運動をおこなってきたグループのメンバーの名古屋空襲の戦傷病者三人が、援護法による旧軍人軍属の補償給付額と原告の身体障害者福祉法による給付額との差額の賠償と謝罪を請求する裁判です。これは名古屋地裁から、名古屋高裁、最高裁までいきまして、負けました。

一九八〇年八月二九日の名古屋地方裁判所判決は以下の理由で訴えを退けました。

① 遺族援護法が、旧軍人軍属と民間被災者との間に援護上の差異を設けたことは、「社会保障及び国家補償の見地だけからすれば、旧軍人軍属と民間被災者との間に、顕著な援護上の差異を設けることは、合理性を欠く」が、援護法が、文官に対する軍人軍属の恩給法上の取り扱いの差別を解消するために制定されたと言う趣旨や、公務災害等の国の使用者責任を考慮すると、民間被災者の除外は不合理とも言えない。

② ただし、戦後三〇年以上を経た今日（判決当時）においても、十分な補償を受け得ず、戦争による傷跡

に苦しむ民間被災者に対し、国が国家補償の精神に基づきできるだけ広範にわたって援護の措置を講じることを望む。

③ ただし、どのような補償措置を取るかは、国の立法府たる国会の裁量の範囲に属し、援護法の制定が裁量の範囲を逸脱し、または不合理な差別立法であると認められないので、遺族援護法は憲法第一四条第一項違反とはならない。

一九八三年七月七日の名古屋高等裁判所の控訴審判決では控訴を棄却されました。ここでは、遺族援護法による給付対象が旧軍人軍属に限られる、とする第一審の判断を是認し、「国家補償の精神」に基づく戦争被災者の損害填補や救済のための立法措置の選択は立法府の裁量に委ねられ、裁判所の審理判断に適さない事柄であるとして訴えを退けました。

一九八七年六月二六日の最高裁判所の上告審判決では上告棄却とされた。ここでは、棄却の理由は以下の通りですが、戦争の場合は、国民は等しく「受忍」しなければならないという、「受忍論」が取り上げられています。

① 戦争犠牲ないし戦争災害は、国の存亡にかかわる非常事態の下では、国民が等しく受忍しなければならなかったことで、これに対する補償は憲法が全く予測していないところであった。

② 戦争犠牲ないし戦争損害については単に政策的見地からの配慮が考えられるにすぎない。すなわち、これに対する補償のために立法措置を行うか否かの判断は国会の裁量的権限に委ねられるものである。

③ 一般の戦争被害者について援護法と同等の給付を行う立法を行わないことについては、立法について固有の権限を有する国会ないし国会議員の立法不作為についての国家賠償法上の違法性、内閣の法案不提出についても違法性は認められない。

これが最高裁の判例として確定していったため、その後の運動が非常に困難になっていくわけです。しばらくなかったのですが、二〇〇七年三月九日に東京空襲遺族会が集団訴訟を行います。これも二〇〇九年一二月一四日の東京地裁判決で請求棄却、二〇一二年四月二五日の東京高裁判決で控訴を棄却、二〇一三年五月九日の最高裁で上告不受理・棄却決定と、いずれも負けています。

それから、東京に続いて大阪空襲訴訟がおこされます。

二〇〇八年一二月八日に大阪地裁に提訴され、二〇一一年一二月七日の大阪地裁判決で請求棄却、二〇一三年一月一六日の大阪高裁判決で控訴棄却、二〇一四年九月一一日の最高裁の上告棄却、上告不受理の決定と、同じくすべて負けています。

9　空襲記録運動の歴史―記録と体験記

最後に、空襲を記録する運動について、簡単にお話ししたいと思います。

日本については、戦争中、空襲被害を受けた人たちは、「鬼畜米英」ということで、彼らに復讐を誓うというふうにとらえていたと思います。そういう思いは、当時の日記などにも書かれています。

それが戦後になって、変わっていくわけで、爆撃をしたアメリカに対する批判よりも、戦争そのものの否定となっていきます。それは、アメリカによって民主化、非軍事化が行われた状況の下での、戦争の否定、平和主義という流れになっていきます。

戦後直後の空襲被害調査ですが、経済安定本部が調査し、「太平洋戦争による我国の被害総合報告書」を出しています。この場合は、軍人と民間に分けて被害を調べています。それから『戦災復興誌』は全国については建設省が刊行していますが、東京・大阪・名古屋などの地方自治体でも、一九五〇年代初めごろに編さんしています。

それから戦後直後ですが、アメリカ戦略爆撃調査団が被害状況の調査をしています。これは当時非公開でしたが、今は公開されています。

そういうことで、いくつかの調査はあって、ある程度の被害の概要はおさえられています。

その後の一九七〇年代になって市民を中心に、空襲の体験を記録で残す運動がおき、これに地方自治体が協力します。これはベトナム戦争が激化し、アメリカ軍の北爆などが行われたときです。それに反対する運動と連動する形での市民の記録運動で、戦争の性格そのものだけではなくて、居住地に対する爆撃により、民間人への大きな被害を与えたという非人道的な爆撃であることなど、戦争の遂行の仕方を明らかにすることが行われました。

記録運動の最初は東京で一九七〇年八月にできた「東

京空襲を記録する会」です。歴史研究者と連携はありましたが、ジャーナリストの松浦総三や作家の早乙女勝元らが中心でした。民間の財団法人をつくって、東京都から補助金をもらって記録をまとめていきます。その際、遺族や傷害者の補償を求める運動とは一線を画します。体験談や手記を募集して、書けない方には「聞き取り」を行い、それから東京都や警察・消防などの日本側の記録とアメリカの空襲記録を収集し、それらをまとめて、一九七三年、一九七四年に『東京大空襲・戦災誌』全五巻を刊行します。これが東京の動きです。

これに続き、川崎、横浜、八王子、大阪、仙台、土崎、福山、高松、和歌山、神戸、名古屋、伊勢、大垣、静岡、岐阜、平塚、半田、豊橋、岡崎、春日井、小田原、富山、福井、宇和島、呉、宇部、京都などの各地で、空襲記録運動が進み、独自に、または地方自治体と協力して、空襲・戦災の記録を刊行します。

東京の場合は、この後、空襲・戦災記念館をつくらせる運動に移行していきます。『東京大空襲・戦災誌』の刊行後、「財団法人東京空襲を記録する会」は解散し、任意団体になり、一九七四年四月に「空襲・戦災記念館をつくる会」が結成されます。「空襲・戦災記念館をつくる会」は東京都から補助金を受け、アメリカでの資料収集や整理を継続しますが、空襲記念館の設立は棚上げになり、東京に空襲記念館をつくることは、今にいたるもできないという状況です。むしろほかの地域の方が、進みまして、八〇年代はじめに大阪には「大阪府平和祈念戦争資料室」が、仙台には「戦災復興記念館」ができます。

東京の会ができた翌年の一九七一年には、「空襲・戦災を記録する会全国連絡会議」が結成され、現在も続いて、年一回の交流会を開催しています。この会は歴史研究者の今井清一さんたちの横浜の会が運営の中心でした。その後、アメリカ側の空襲資料を使った研究をしている方たちが中心になり、今も続いています。

大阪では、「大阪府平和祈念戦争資料室」がアメリカ軍の空襲の資料も精力的に収集をしています。それと連携して、歴史研究者の小山仁示さんを代表者とする「大阪空襲研究会」では、空襲研究を進め、資料集を刊行しています。「空襲体験画を描く運動」も大阪から始まっており、「大阪大空襲の体験を語る会」が一九八三年に『画集大阪大空襲の記録』を刊行しています。このように、空襲研究は大学のアカデミズムではなく、市民運動の中で進められました。

一九八〇年には『日本の空襲』全一〇巻が、「空襲・戦災を記録する会全国連絡協議会」の編集で刊行されましたが、これは民間人の空襲の被害の実相を明らかにする、空襲の記録の一つの到達点です。

「空襲・戦災を記録する会全国連絡会議」の中に、工藤洋三さんを中心とする若手のアメリカ軍資料の研究をするグループができました。全国連絡会議の交流会の前に独自の交流会を開いています。また、『空襲通信』という雑誌を一九九九年に創刊して、アメリカ軍の資料の紹介、アメリカ軍の資料を使った各地の空襲の実態を解明する論文などを掲載し、毎年刊行しています。アメリカ軍の資料を使った研究が最近進展していますが、民間人の空襲被害の実相を明らかにする研究は停滞していると思います。

最近のアメリカ軍資料を使った研究では、「アメリカ戦略爆撃調査団報告書」、日本本土を爆撃したB29爆撃機の「第20・21爆撃機軍団作戦任務報告書」、「空襲損害評価報告書」などを利用したものが多くあります。

それからもう一つは、空襲の死者の名簿の作成が今、進んでいます。仙台は早くにできていますが、東京、大阪、神戸、高知、甲府などで名簿の作成が進められています。大阪や神戸には空襲の死者の記名碑ができています。東京都も名簿を作っているのですが、非公開なため、検証が出来ません。東京では慰霊堂の霊名簿を作る前の段階の、仮埋葬をして、名前のわかる方の名簿に、その後、遺族からの届出により追加した三万人位の名簿があります。この名簿は、どこに住んでいた人が、どこで死んだか、わかる記載があります。このデータベースを作成し、地図上に住所と死亡地を線で結んで図示する研究も進んでいます。

日本の空襲研究は一九七〇年頃から本格的に研究が始まったのですが、ゲルニカ、中国などでは、一九八〇年代から空襲の調査と研究が始まり、ドイツの場合は本格的には、二〇〇〇年代から調査と研究が始まったといっていいでしょう。

おわりに

以上で、お話してきましたが、やはり空襲による民間人の被害の実相を明らかにすることが日本の空襲研究の原点であり、最も大切な点です。その際、日本本土の日本人の被害のみに限らず、日本が行った空襲はもちろん、日本の支配下にあることによって、受けたアジアの人たちの被害も明らかにする必要があります。それとともに、空襲の被害に対する援護や補償がどうだったか、を明らかにすることも重要です。

（この記録は講演を文章化したものですが、当日用意して省略したことなどを補足しています。）

（掲載時所属：東京大空襲・戦災資料センター学芸員・副館長）

表1　日本の主な空襲の被害

番号	都市名		全日市域民間死者数	全体民間死者数	市域民間死者数	住民死者数	軍人死者数	軍属死者数	工場労働者死者数	空襲日		B29作戦任務番号または空襲種別	空襲目標	施設目標番号	施設破壊率	師団	連隊
1	八幡	市		314	129					1944年	6月16日		日本製鉄八幡製鉄所	28			
2	八幡	市		168	136				46	1944年	8月20日		日本製鉄八幡製鉄所	28			
3	那覇	市	264	330	255	255	218			1944年	10月10日	艦上機	那覇				
4	大村	市	96	0	0			285		1944年	10月25日		第21海軍航空廠	1627	19.4		46
5	武蔵野	町		62	57				57	1944年	11月24日	7	中島飛行機武蔵製作所	357			
6	武蔵野	町		82	67				60	1944年	12月3日	10	中島飛行機武蔵製作所	357			
7	名古屋	市		330	330					1944年	12月13日	12	三菱重工業発動機製作所	193			
8	名古屋	市		382	334					1944年	12月18日	13	三菱重工業名古屋製作所	194			
9	名古屋	市		130	94					1945年	1月14日	19	三菱重工業名古屋製作所	194	68.4		
10	明石	市		329	322	71			253	1945年	1月19日	20	川崎航空機明石工場	1547			
11	名古屋	市		127	125					1945年	1月23日	22	三菱重工業発動機製作所	193			
12	太田	町	211	167	152					1945年	2月10日	29	中島飛行機太田製作所	789	74.6		
13	名古屋	市		72	61					1945年	2月15日	34	三菱重工業発動機製作所	193			
14	浜松	市		145						1945年	2月15日	34	三菱重工業発動機製作所	193			他
15	武蔵野	町	239	202	80					1945年	2月17日	艦上機	中島飛行機武蔵製作所	357			
16	銚子	市		47	47					1945年	3月9～10日	40	大都市東京				
17	東京都区部		105,400	95,000	95,000					1945年	3月10日	40	大都市東京			近衛.1	1.3
18	名古屋	市		602	519					1945年	3月12日	41	大都市名古屋			3	6
19	大阪	市	10,283	3,987	3,974					1945年	3月13～14日	42	大都市大阪			4	8.37
20	神戸	市		2,669	2,669					1945年	3月17日	43	大都市神戸				
21	名古屋	市		1,037	826					1945年	3月19日	44	大都市名古屋				
22	名古屋	市		1,944	1,617					1945年	3月25日	45	三菱重工業発動機製作所	193			
23	立石	村	31	34	31	31				1945年	3月27日	46	大刀洗飛行場				
24	三輪	村			0	0	146	125		1945年	3月27日	46	大刀洗飛行場				
25	保谷	町	109	86	35					1945年	4月2日	51	中島飛行機武蔵製作所	357	69.5		
26	静岡	市		194	102				70	1945年	4月4日	55	三菱重工静岡航空発動機製作所	2011	48.9		
27	小泉	町	100	121	99					1945年	4月4日	56	中島飛行機小泉製作所	1545			
28	立川	市	150	224	134					1945年	4月4日	57	立川飛行機	792	28.2		
29	横浜	市		398	214					1945年	4月4日	57	立川飛行機	792			

番号	都市名		全日市域民間死者数	全体民間死者数	市域民間死者数	住民死者数	軍人死者数	軍属死者数	工場労働者死者数	空襲日		B29作戦任務番号または空襲種別	空襲目標	施設目標番号	施設破壊率	師団	連隊
30	川崎	市			194					1945年	4月4日	57	立川飛行機	792			
31	名古屋	市		385	302					1945年	4月7日	59	三菱重工業発動機製作所	193	94		
32	鹿児島	市		587	587					1945年	4月8日	艦上機	鹿児島				
33	田無	町	79	66	55					1945年	4月12日	63	中島飛行機武蔵製作所	357			
34	郡山	市	400	514	361	132	5		382	1945年	4月12日	64*65	保土ヶ谷化学郡山工場・郡山化学	2025・6129	59 *72.8		
35	東京都区部			2,459	2,459					1945年	4月13～14日	67	東京造兵廠	206			
36	横浜	市			346					1945年	4月15～16日	68	大都市川崎				
37	川崎	市	768	972	500					1945年	4月15～16日	68	大都市川崎				
38	東京都区部			841	841					1945年	4月15日	69	大都市東京				
39	大分	市		70	70			18		1945年	4月21日	82	大分飛行場				
40	砂川	村	180	177	114					1945年	4月24日	96	日立航空機立川発動機製作所				
41	佐伯	市	50	63	46					1945年	4月26日	99	佐伯飛行場				
42	今治	市		68	68					1945年	4月26日	101	松山飛行場				
43	長崎	市		129	129	129				1945年	4月26日		臨機目標				
44	呉	市		28	28	28		112		1945年	5月5日	146	広海軍航空廠				
45	宇和島	市		115	115					1945年	5月10日	159	松山飛行場				
46	徳山	市		0	0			294		1945年	5月10日	163	徳山海軍燃料廠				
47	岩国	市		104	104			360		1945年	5月10日	165	岩国陸軍燃料廠				
48	宮崎	市	123	41	41	41				1945年	5月11日	170	宮崎飛行場				
49	本庄	村	436	1,379	373				138	1945年	5月11日	172	川西航空機甲南製作所				
50	名古屋	市		346	338					1945年	5月14日	174	大都市名古屋				
51	名古屋	市		524	511					1945年	5月17日	176	大都市名古屋				
52	磐田	町	154	433	98					1945年	5月19日	178	浜松				
53	東京都区部			762	762					1945年	5月24日	181	大都市東京				
54	東京都区部			3,242	3,242					1945年	5月25～26日	183	大都市東京				
55	横浜	市	4,616	3,650	3,649					1945年	5月29日	186	大都市横浜				
56	大阪	市		3,083	3,054					1945年	6月1日	187	大都市大阪				
57	尼崎	市	479	300	248					1945年	6月1日	187	大都市大阪				
58	神戸	市	6,235	4,035	3,184					1945年	6月5日	188	大都市神戸				
59	御影	町	442		442					1945年	6月5日	188	大都市神戸				

番号	都市名		全日市域民間死者数	全体民間死者数	市域民間死者数	住民死者数	軍人死者数	軍属死者数	工場労働者死者数	空襲日		B29作戦任務番号または空襲種別	空襲目標	施設目標番号	施設破壊率	師団	連隊
60	本山	村	143		143					1945年	6月5日	188	大都市神戸				
61	魚崎	町	108		108					1945年	6月5日	188	大都市神戸				
62	大阪	市		2059	1470					1945年	6月7日	189	大都市大阪				
63	豊中	市	575		541					1945年	6月7日	189	大都市大阪				
64	鳴尾	村	188		48					1945年	6月9日	191	川西航空機鳴尾製作所				
65	明石	市		692	644	269			375	1945年	6月9日	192	川崎航空機明石工場				
66	名古屋	市	7,858	2,068	2,068				1,145	1945年	6月9日	193	愛知時計電機熱田工場				
67	横浜	市		136	136					1945年	6月10日	196	日本飛行機富岡工場				
68	日立	市	1,350	886	886	117			669	1945年	6月10日	197	日立製作所海岸工場				
69	千葉	市		151	151	151				1945年	6月10日	198	日立航空機千葉工場				
70	大阪	市		425	349					1945年	6月15日	203	大都市大阪・尼崎				
71	尼崎	市		120	64					1945年	6月15日	203	大都市大阪・尼崎				
72	鹿児島	市	3,323	2,316	2,316					1945年	6月17～18日	206	中小都市01				
73	大牟田	市		293	260					1945年	6月18日	207	中小都市01				
74	浜松	市	3,194	1,720	1,717					1945年	6月18日	208	中小都市01				
75	四日市	市	808	736						1945年	6月18日	209	中小都市01				
76	豊橋	市	655	624	624					1945年	6月20日	210	中小都市02				
77	福岡	市	902	868	857					1945年	6月19～20日	211	中小都市02				
78	静岡	市	1,947	1,766	1,766					1945年	6月20日	212	中小都市02				
79	呉	市		69	69	69		476		1945年	6月22日	215	呉海軍工廠				
80	連島	町	28	11	11				11	1945年	6月22日	216	三菱重工業玉島製作所				
81	姫路	市	519	366	341	67			74	1945年	6月22日	217	川西航空機姫路製作所				
82	蘇原	町	100	168	90				90	1945年	6月22日	218*219	三菱重工業各務原工場・川崎航空機各務原工場				
83	明石	市			61	61			61	1945年	6月22日	220	川崎航空機明石工場				
84	大阪	市		681	604					1945年	6月26日	223*224	住友金属・大阪陸軍造兵廠				
85	明石	市		188	149	149				1945年	6月26日	225	川崎航空機明石工場				
86	名古屋	市		432	426					1945年	6月26日	226*227*230	名古屋陸軍造兵廠千種工場・名古屋陸軍造兵廠熱田工場・日本車輌・住友金属ジュラルミン名古屋工場				
87	名古屋	市								1945年	6月26日	229	愛知航空機永徳工場				

番号	都市名		全日市域民間死者数	全体民間死者数	市域民間死者数	住民死者数	軍人死者数	軍属死者数	工場労働者死者数	空襲日		B29作戦任務番号または空襲種別	空襲目標	施設目標番号	施設破壊率	師団	連隊
88	蘇原	町		89	58					1945年	6月26日	228*231	三菱重工業各務原工場・川崎航空機各務原工場				
89	津	市		174	174					1945年	6月26日	228	津				
90	岡山	市	1,737	1,737	1,737					1945年	6月29日	234	中小都市03				
91	佐世保	市	1,225	1,030	1,030					1945年	6月29日	235	中小都市03				
92	門司	市	110	55	55					1945年	6月29日	236	中小都市03				
93	延岡	市	217	130	130					1945年	6月29日	237	中小都市03				
94	下松	市	189	124	124					1945年	6月30日	238	日本石油下松製油所				
95	呉	市	2,071	1,869	1,869					1945年	7月2日	240	中小都市04				
96	熊本	市	617	388	388					1945年	7月1~2日	241	中小都市04				
97	宇部	市	292	406	204					1945年	7月2日	242	中小都市04				
98	下関	市	324	307	307					1945年	7月2日	243	中小都市04				
99	海南	市	48	44	44					1945年	7月3日	245	丸善石油下津精油所				
100	大崎	村	53	37	37					1945年	7月3日	245	丸善石油下津精油所				
101	高松	市	1,359	1,359	1,359					1945年	7月4日	247	中小都市05				
102	高知	市	487	434	401					1945年	7月4日	248	中小都市05				
103	姫路	市		182	170					1945年	7月3~4日	249	中小都市05				
104	徳島	市	1,451	1,144	1,144					1945年	7月4日	250	中小都市05				
105	千葉	市	890	739	739					1945年	7月7日	251	中小都市06				
106	明石	市	1,464	391	360					1945年	7月7日	252	中小都市06				
107	清水	市	343	151	151					1945年	7月7日	253	中小都市06				
108	甲府	市	1,045	1,127	1,045					1945年	7月6~7日	254	中小都市06				
109	仙台	市	1,052	901	901					1945年	7月10日	257	中小都市07				
110	堺	市	1,876	1,873	1,860					1945年	7月10日	258	中小都市07				
111	和歌山	市	1,212	1,101	1,101					1945年	7月9~10日	259	中小都市07				
112	岐阜	市	863	863	863					1945年	7月9~10日	260	中小都市07				
113	宇都宮	市	586	620	545					1945年	7月12~13日	263	中小都市08				
114	敦賀	市	225	109	106	106	2			1945年	7月12~13日	265	中小都市08				
115	釜石	市	771	571	421	315	28	106		1945年	7月14日	艦砲射撃	日本製鉄釜石製鉄所				
116	根室	町	306	306	306	306	41	45		1945年	7月14~15日	艦上機	根室				
117	釧路	市	202	202	202	202	25	2		1945年	7月14~15日	艦上機	釧路				

番号	都市名		全日市域民間死者数	全体民間死者数	市域民間死者数	住民死者数	軍人死者数	軍属死者数	工場労働者死者数	空襲日		B29作戦任務番号または空襲種別	空襲目標	施設目標番号	施設破壊率	師団	連隊
118	室蘭	市	442	442	442	442	64	17		1945年	7月14～15日	艦上機・艦砲射撃	日本製鉄室蘭製鉄所				
119	函館	市	83	83	83	83	14	6		1945年	7月14～15日	艦上機	函館				
120	本別	町	40	40	40	40	0	0		1945年	7月14～15日	艦上機	本別				
121	青函連絡船		51	51	51	51	30	349		1945年	7月14～15日	艦上機	青函連絡船				
122	青森	市		127	14	14				1945年	7月14～15日	艦上機	東北地方				
123	下松	市		45	44					1945年	7月15～16日	270	日本石油下松製油所				
124	沼津	市	318	274	274					1945年	7月17日	271	中小都市09				
125	大分	市	177	49	49					1945年	7月17日	272	中小都市09				
126	桑名	市	664	390	390					1945年	7月17日	273	中小都市09				
127	平塚	市	261	328	226					1945年	7月16～17日	274	中小都市09				
128	日立	市		317	317					1945年	7月17日	艦砲射撃	日立製作所海岸工場				
129	多賀	町	182	153	153					1945年	7月17日	艦砲射撃	日立製作所海岸工場				
130	福井	市	1684	1585	1576					1945年	7月19～20日	277	中小都市10				
131	日立	市		65	63					1945年	7月19～20日	278	中小都市10日立				
132	多賀	町		29	29					1945年	7月19～20日	278	中小都市10日立				
133	銚子	市	329	278	278					1945年	7月20日	279	中小都市10				
134	岡崎	市	204	203	203					1945年	7月20日	280	中小都市10				
135	尼崎	市		100	100					1945年	7月19～20日	281	日本石油尼崎製油所				
136	富山	市		47	47					1945年	7月20日	原爆模擬	日満アルミニウム東岩瀬工場				
137	大阪	市		214	187					1945年	7月24日	284・286	住友金属・大阪陸軍造兵廠				
138	良元	村	106	182	106					1945年	7月24日	285	川西航空機宝塚製作所				
139	桑名	市		267	267					1945年	7月24日	286	大阪陸軍造兵廠				
140	名古屋	市		167	167				167	1945年	7月24日	287	愛知航空機永徳工場・愛知航空機名古屋工場				
141	津	市	1,444	1,200	1,200					1945年	7月24日	288	津海軍工廠				
142	半田	市	272	268	268					1945年	7月24日	290	中島飛行機半田製作所				
143	四浦	村	127	127	127					1945年	7月25日	艦上機	保戸島国民学校				
144	松山	市	260	251	251					1945年	7月26～27日	293	中小都市11				
145	徳山	市	482	482	482					1945年	7月27日	294	中小都市11				
146	大牟田	市	815	602	602					1945年	7月27日	295	中小都市11				

番号	都市名		全日市域民間死者数	全体民間死者数	市域民間死者数	住民死者数	軍人死者数	軍属死者数	工場労働者死者数	空襲日		B29作戦任務番号または空襲種別	空襲目標	施設目標番号	施設破壊率	師団	連隊
147	鹿児島	市		444	420					1945年	7月27日	艦上機	鹿児島				
148	所子	村	36	35	35	35	2	5		1945年	7月28日	艦上機	大山口駅列車				
149	津	市		344	344					1945年	7月28～29日	297	中小都市12				
150	青森	市	747	731	728					1945年	7月28～29日	298	中小都市12				
151	一宮	市	727	654	641					1945年	7月28～29日	299	中小都市12				
152	宇治山田	市	102	99	99					1945年	7月29日	300	中小都市12				
153	大垣	市	88	50	50					1945年	7月29日	301	中小都市12				
154	宇和島	市	274	100	100					1945年	7月29日	302	中小都市12				
155	郡山	市		38	38	23		15		1945年	7月29日	原爆模擬	郡山操車場	1655			
156	舞鶴	市		0	0	0		97		1945年	7月29日	原爆模擬	舞鶴海軍工廠	1040			
157	浜松	市		170						1945年	7月29日	艦砲射撃	浜松				
158	舞鶴	市	4	4	4		83			1945年	7月30日	艦上機	舞鶴				
159	川内	市	54	54	54	54				1945年	7月30日	小型陸上機	川内				
160	長崎	市		169	169	45		124		1945年	8月1日	小型陸上機	長崎				
161	八王子	市	368	428	367					1945年	8月2日	306	中小都市13				
162	富山	市	2,767	2,767	2,695	2,695	13			1945年	8月2日	307	中小都市13				
163	長岡	市	1,454	1,484	1,414					1945年	8月1日	308	中小都市13				
164	水戸	市	299	311	299					1945年	8月2日	309	中小都市13				
165	浅川	町	64	54	54					1945年	8月5日	艦上機	419列車				
166	垂水	市	91	91	91					1945年	8月5日	艦上機	垂水				
167	前橋	市	568	535	412					1945年	8月5～6日	313	中小都市14				
168	西宮	市	716	912	485					1945年	8月6日	314	中小都市14西宮				
169	芦屋	市	145		89					1945年	8月6日	314	中小都市14西宮				
170	今治	市	551	454	454					1945年	8月6日	316	中小都市14				
171	広島	市	140,000	140,000	140,000					1945年	8月6日	原爆	広島				
172	都城	市	84	52	52					1945年	8月6日	小型陸上機	都城				
173	豊川	市	113	113	113	113	120	2,434		1945年	8月7日	317	豊川海軍工廠	1653			
174	大牟田	市		240	240					1945年	8月7日	小型陸上機	大牟田				
175	八幡	市	1,996	1,878	1,785			87		1945年	8月8日	319	中小都市15	28			
176	福山	市	348	353	348					1945年	8月8日	321	中小都市15				

番号	都市名		全日市域民間死者数	全体民間死者数	市域民間死者数	住民死者数	軍人死者数	軍属死者数	工場労働者死者数	空襲日		B29作戦任務番号または空襲種別	空襲目標	施設目標番号	施設破壊率	師団	連隊
177	釜石	市		270	270	219	2	51		1945年	8月9日	艦砲射撃	日本製鉄釜石製鉄所				
178	長崎	市	70,332	70,000	70,000					1945年	8月9日	原爆	長崎				
179	串木野	市	168	168	168					1945年	8月9日	艦上機	串木野				
180	久留米	市	195	308	195					1945年	8月11日	小型陸上機	久留米				
181	成東	町	15	15	15	15	27			1945年	8月13日	艦上機	成東駅				
182	光	市	52	0	0		51	687		1945年	8月14日	325	光海軍工廠	671	71.8		
183	大阪	市		201	201			158		1945年	8月14日	326	大阪陸軍造兵廠	382	64.3		
184	岩国	市	917	517	517					1945年	8月14日	327	岩国駅	2202	92		
185	秋田	市	93	93	93	93	160	24		1945年	8月14～15日	328	日本石油秋田製油所	1066	70		
186	熊谷	市	266	266	266					1945年	8月15日	329	中小都市16				
	合計		405,133	397,711	394,741	6,421	1,031	5,877	3,598								

表 2　日本の主な都市の空襲被害

番号	都道府県名	都市名	アメリカ軍目標都市第何番目	破壊率順	破壊面積順	人口	住宅密集地(平方マイル)	破壊住宅密集地(平方マイル)	破壊割合(%)	爆撃機数	投下弾トン数	死者順	破壊数順	罹災者順	死者数	全焼・全壊数	罹災者数	師団	連隊	主な空襲日		B29の作戦任務番号または空襲種別	作戦目標	合併・改称2000年まで
1	広島県	広島市	7	17	6	343,968	6.9	4.7	69	4	a/5.5	1	6	6	140,000	61,825	193,719	5	11	1945年	8月6日	原爆		
2	東京都	東京35区	1	31	1	6,778,804	110.8	56.3	50	2,531	14,054	2	1	1	105,400	744,895	2,890,820	近衛.1	1.3	1945年	3月10日、4月13～14日・15日、5月24日・25～26日	40、67、69、81、183	大都市東京	
3	長崎県	長崎市	12	36	22	252,630	3.3	1.45	44	2	a/5.0	3	25	15	70,332	14,207	89,780			1945年	8月9日	原爆		
4	大阪府	大阪市	2	54	2	3,252,340	59.8	15.54	26	1,627	10,417	4	2	2	10,283	334,021	1,098,818	4	8.37	1945年	3月13～14日、6月1日・7日・15日	42、187、189、203	大都市大阪	
5	愛知県	名古屋市	3	52	3	1,328,084	39.7	12.37	31	1,647	10,145	5	3	3	7,858	123,179	495,202	3	6	1945年	3月12日・19日、5月14日・17日	41、44、174、176	大都市名古屋	
6	兵庫県	神戸市	6	25	5	967,234	15.7	8.75	56	874	5,648	6	4	4	6,235	115,895	446,958			1945年	3月17日、6月5日	43、188	大都市神戸	
7	神奈川県	横浜市	5	34	4	968,091	20.2	8.9	44	463	2,591	7	5	5	4,616	98,970	399,180			1945年	5月29日	186	大都市横浜	
8	鹿児島県	鹿児島市	22	35	12	190,257	4.87	2.15	44	171	1,023	8	9		3,323	27,036			45	1945年	6月17日	206	中小都市01	
9	静岡県	浜松市	29	16	9	166,346	4.24	2.97	70	560	3,076	9	12	10	3,194	23,810	124,058		他	1945年	6月18日	208	中小都市01	
10	富山県	富山市	36	1	16	127,859	1.88	1.87	100	176	1,478	10	13	12	2,767	22,766	115,920		35	1945年	8月2日	307	中小都市13	
11	広島県	呉市	10	44	26	276,985	3.26	1.3	40	157	1,094	11	14	9	2,071	22,306	124,746	海鎮		1945年	7月1～2日	240	中小都市04	
12	福岡県	八幡市	11	58	30	261,309	5.78	1.22	21	221	1,302	12	24	22	1,996	14,273	71,365			1945年	8月8日	319	中小都市15	北九州市へ
13	静岡県	静岡市	15	20	10	212,198	3.46	2.28	66	158	1,022	13	8	8	1,947	31,355	127,199		34	1945年	6月19～20日	212	中小都市02	
14	大阪府	堺市	24	38	37	182,147	2.32	1.02	44	116	779	14	23	27	1,876	14,751	57,225			1945年	7月10日	258	中小都市07	
15	岡山県	岡山市	31	24	13	163,552	3.38	2.13	63	140	986	15	11	13	1,737	25,203	104,606		10	1945年	6月29日	234	中小都市03	
16	福井県	福井市	48	3	20	97,967	1.9	1.61	85	128	960	16	15	14	1,684	21,584	92,304			1945年	7月19～20日	277	中小都市10	
17	兵庫県	明石市	111	23	44	47,751	1.42	0.9	64	123	975	17	41	34	1,464	10,966	48,441			1945年	7月7日	252	中小都市06	
18	新潟県	長岡市	73	21	25	66,987	2.03	1.33	66	126	926	18	43	33	1,454	10,302	49,703			1945年	8月1～2日	308	中小都市13	
19	徳島県	徳島市	37	12	17	119,581	2.3	1.7	74	141	1,128	19	18	17	1,451	18,153	75,250		43	1945年	7月4日	250	中小都市05	
20	三重県	津市	70	4	33	68,625	1.47	1.18	81	222	1,507	20	33	55	1,444	11,657	16,890			1945年	7月28～29日	297	中小都市12	
21	香川県	高松市	40	6	23	111,207	1.8	1.4	78	116	833	21	21	20	1,359	15,956	72,937			1945年	7月4日	247	中小都市05	

番号	都道府県名	都市名	アメリカ軍目標都市第何番目	破壊率順	破壊面積順	人口	住宅密集地(平方マイル)	破壊住宅密集地(平方マイル)	破壊割合(%)	爆撃機数	投下弾トン数	死者順	破壊数順	罹災者順	死者数	全焼・全壊数	罹災者数	師団	連隊	主な空襲日	B29の作戦任務番号または空襲種別	作戦目標	合併・改称2000年まで
22	茨城県	日立市	61	7	35	82,885	1.38	1.08	78	128	971	22	20	25	1,350	16,093	58,336			1945年 7月19～20日	278	中小都市10	
23	長崎県	佐世保市	17	43	40	205,989	2.34	0.97	42	145	1,071	23	30	24	1,225	12,825	65,478	海鎮		1945年 6月28～29日	235	中小都市03	
24	和歌山県	和歌山市	20	27	14	195,203	4	2.1	53	125	884	24	10	11	1,212	25,353	123,788		61	1945年 7月9～10日	259	中小都市07	
25	宮城県	仙台市	13	53	32	223,630	4.53	1.22	27	130	936	25	34	26	1,052	11,642	57,321	2	4	1945年 7月10日	257	中小都市07	
26	山梨県	甲府市	45	60	27	102,419	2	1.3	15	133	978	26	19	16	1,045	18,099	85,805		49	1945年 7月6～7日	254	中小都市06	
27	山口県	岩国市	99									27	67	63	917	336	1,707			1945年 5月10日	165	岩国陸軍燃料廠	
28	福岡県	福岡市	8	57	24	323,217	6.56	1.37	22	221	1,525	28	26	28	902	14,106	56,895		24	1945年 6月19日	211	中小都市02	
29	千葉県	千葉市	51	40	46	92,061	1.98	0.86	43	125	892	29	49	40	890	8,102	41,212		他	1945年 7月7日	251	中小都市06	
30	岐阜県	岐阜市	28	11	15	172,340	2.6	1.93	74	129	899	30	16		863	20,303			68	1945年 7月9～10日	260	中小都市07	
31	福岡県	大牟田市	27	39	11	177,034	5.37	2.27	43	240	1,734	31	39	30	815	11,082	55,410			1945年 7月26～27日	295	中小都市11	
32	三重県	四日市市	44	48	29	102,771	3.51	1.23	35	95	592	32	31		808	12,491				1945年 6月18日	209	中小都市01	
33	岩手県	釜石市	122									33	61	56	771	3,600	16,030			1945年 7月14日	艦砲射撃		
34	神奈川県	川崎市	9	51	7	300,777	11.3	3.7	33	250	1,515	34	7	7	768	35,114	154,428			1945年 4月15～16日	68	大都市川崎	
35	青森県	青森市	47	49	50	99,065	2.08	0.73	35	63	552	35	22	21	747	15,310	72,232		5	1945年 7月28～29日	298	中小都市12	
36	愛知県	一宮市	68	9	41	70,792	1.28	0.97	76	247	1,641	36	42	42	727	10,468	41,027			1945年 7月28～29日	299	中小都市12	
37	兵庫県	西宮市	39	45	8	111,796	9.46	3.5	37	255	2,004	37	28	29	716	12,994	55,798			1945年 8月6日	314	中小都市13 西宮	
38	三重県	桑名市	123	8	54	41,848	0.82	0.63	77	217	1,511	38	53		664	6,223				1945年 7月17日	273	中小都市09	
39	愛知県	豊橋市	33	28	18	142,716	3.3	1.7	52	160	1,026	39	17	18	655	19,787	74,772		18	1945年 6月19～20日	210	中小都市02	
40	熊本県	熊本市	16	59	39	210,938	4.8	1	21	155	1,121.2	40	36	35	617	11,486	47,359	6	13	1945年 7月1～2日	241	中小都市04	
41	栃木県	宇都宮市	55	50	42	87,868	2.75	0.94	34	115	802.9	41	40	54	586	10,985	16,980	14	59	1945年 7月12～13日	263	中小都市08	
42	大阪府	豊中市	118									42	63	51	575	2,000	22,458			1945年 6月7日	189	大都市大阪	
43	群馬県	前橋市	57	42	38	86,997	2.34	1	42	92	723.8	43	37	32	568	11,434	53,654			1945年 8月5日	313	中小都市14	
44	愛媛県	今治市	91	10	51	55,557	0.97	0.73	76	76	586.5	44	50	43	551	8,099	34,236			1945年 8月5～6日	316	中小都市14	
45	兵庫県	姫路市	43	15	21	104,249	1.92	1.48	72	106	767.1	45	35	31	519	11,513	55,402	10	39	1945年 7月3～4日	249	中小都市05	
46	高知県	高知市	42	32	43	106,644	1.9	0.92	48	134	1,117.6	46	32	39	487	12,064	43,082		44	1945年 7月4日	248	中小都市05	
47	山口県	徳山市	130	26	52	38,419	1.27	0.68	54	107	789.5	47	57	59	482	4,427	12,697			1945年 7月26～27日	294	中小都市11	

番号	都道府県名	都市名	アメリカ軍目標都市第何番目	破壊率順	破壊面積順	人口	住宅密集地（平方マイル）	破壊住宅密集地（平方マイル）	破壊割合（%）	爆撃機数	投下弾トン数	死者順	破壊数順	罹災者順	死者数	全焼・全壊数	罹災者数	師団	連隊	主な空襲日		B29の作戦任務番号または空襲種別	作戦目標	合併・改称2000年まで
48	兵庫県	尼崎市	25	61	48	181,011	6.9	0.76	11	大阪に含む		48	38	37	479	11,155	44,028			1945年	6月1日	187	大都市大阪	
49	北海道	室蘭市	41									49	66	61	442	344	5,300			1945年	7月14～15日	艦上機・艦砲射撃		
50	兵庫県	御影町										50			442					1945年	3月17日､6月5日	43､188	大都市神戸	神戸市へ
51	兵庫県	本庄村										51			436					1945年	3月17日､6月5日	43､188	大都市神戸	神戸市へ
52	福島県	郡山市	88									52	65	62	400	486	2,318			1945年	4月12日	64	保土ヶ谷化学郡山工場	
53	東京都	八王子市	79	5	34	62,279	1.4	1.12	80	169	1,593.3	53	29	19	368	12,895	74,445			1945年	8月1～2日	306	中小都市13	
54	静岡県	清水市	71	29	49	68,617	1.41	0.74	52	153	1,116.7	54	47	44	351	8,454	33,544			1945年	7月7日	253	中小都市06	静岡市へ
55	広島県	福山市	89	14	45	56,653	1.2	0.88	73	91	555.7	55	44	36	348	10,154	46,358		41	1945年	8月8日	321	中小都市15	
56	千葉県	銚子市	81	41	59	61,198	1.12	0.48	43	104	779.9	56	55	48	329	5,017	25,267			1945年	7月20日	279	中小都市10	
57	山口県	下関市	19	47	58	196,022	1.42	0.51	36	130	836.4	57	46	41	324	9,224	41,134			1945年	7月2日	243	中小都市04	
58	静岡県	沼津市	93	2	28	53,165	1.4	1.25	90	125	1,051.7	58			318					1945年	7月16～17日	271	中小都市09	
59	北海道	根室町										59			306					1945年	7月14～15日	艦上機		根室市へ
60	茨城県	水戸市	75	22	19	66,293	2.6	1.7	65	161	1,151.4	60	45	38	299	9,781	43,441		2	1945年	8月2日	309	中小都市13	
61	山口県	宇部市	46	56	60	100,680	1.8	0.42	23	103	726.7	61	54	49	292	5,168	23,413			1945年	7月1～2日	242	中小都市04	
62	愛媛県	宇和島市	95	30	56	52,101	1	0.52	52	159	1,106.3	62	52	52	274	6,315	21,549			1945年	7月28日	302	中小都市12	
63	愛知県	半田市	104									63	68	64	272	243	1,520			1945年	7月24日	290	中島飛行機半田製作所	
64	埼玉県	熊谷市	105	33	61	48,899	0.6	0.27	45	82	593.4	64	59	47	266	3,797	30,000			1945年	8月14～15日	329	中小都市16	
65	沖縄県	那覇市										65			264					1945年	10月10日	艦上機		
66	神奈川県	平塚市	120	37	36	43,148	2.35	1.04	44	133	1,162.5	66	51	46	261	7,217	31,058			1945年	7月16～17日	274	中小都市09	
67	愛媛県	松山市	38	13	31	117,534	1.67	1.22	73	128	896.0	67	27	23	260	13,284	66,718		22	1945年	7月26日	293	中小都市11	
68	東京都	武蔵野町										68			239					1945年	2月17日	艦上機	中島飛行機武蔵製作所	武蔵野市へ
69	福井県	敦賀市	163	18	47	31,346	1.13	0.77	68	94	692.2	69	58	53	225	4,098	21,208		19	1945年	7月12～13日	265	中小都市08	

番号	都道府県名	都市名	アメリカ軍目標都市第何番目	破壊率順	破壊面積順	人口	住宅密集地（平方マイル）	破壊住宅密集地（平方マイル）	破壊割合（%）	爆撃機数	投下弾トン数	死者順	破壊数順	罹災者順	死者数	全焼・全壊数	罹災者数	師団	連隊	主な空襲日		B29の作戦任務番号または空襲種別	作戦目標	合併・改称2000年まで
70	宮崎県	延岡市	62	46	57	79,426	1.43	0.52	36	126	876.4	70	60	57	217	3,765	15,232			1945年	6月29日	237	中小都市03	
71	群馬県	太田町										71			211					1945年	2月10日	29	中島飛行機太田製作所	太田市へ
72	愛知県	岡崎市	60	19	53	84,073	0.95	0.65	68	128	857.4	72	48	45	204	8,257	31,740			1945年	7月20日	280	中小都市10	
73	北海道	釧路市	78									73	64	60	202	1,204	8,000			1945年	7月14～15日	艦上機		
74	福岡県	久留米市	53									74	56	50	195	4,506	22,530	12	48	1945年	8月11日	小型陸上機		
75	山口県	下松市	152									75	69	65	189	48	398			1945年	6月29日	238	日本石油下松製油所	
76	兵庫県	鳴尾村										76			188					1945年	8月6日	191	川西航空機鳴尾製作所	西宮市へ
77	茨城県	多賀町										77			182					1945年	7月19～20日	278	中小都市10	日立市へ
78	東京都	砂川村										78			180					1945年	4月24日	96	日立航空機立川発動機製作所	立川市へ
79	大分県	大分市	63	55	55	76,985	2.2	0.56	25	131	801.9	79	62	58	177	2,916	13,593		47	1945年	7月16～17日	272	中小都市09	
総計		合計				20,498,567	406	177	3189	15,168	99,380				402,143	2,217,374	8,544,022							

表 3　飛行機工場空襲

番号	都市名		全体民間死者数	市域民間死者数	住民死者数	工場労働者死者数	空襲日		B29作戦任務番号または空襲種別	目標	目標番号	破壊率
1	大村	市	285	285		285	1944年	10月25日		第21海軍航空廠	1627	19.4
2	武蔵野	町	62	57		57	1944年	11月24日	7	中島飛行機武蔵製作所	357	
3	武蔵野	町	82	67		60	1944年	12月3日	10	中島飛行機武蔵製作所	357	
4	名古屋	市	330	330			1944年	12月13日	12	三菱重工業発動機製作所	193	
5	名古屋	市	382	334			1944年	12月18日	13	三菱重工業名古屋製作所	194	
6	名古屋	市	130	94			1945年	1月14日	19	三菱重工業名古屋製作所	194	68.4
7	明石	市	329	322	71	253	1945年	1月19日	20	川崎航空機明石工場	1547	
8	名古屋	市	127	125			1945年	1月23日	22	三菱重工業発動機製作所	193	
9	太田	町	152	152			1945年	2月10日	29	中島飛行機太田製作所	1544	74.6
10	名古屋	市	72	61			1945年	2月15日	34	三菱重工業発動機製作所	193	
11	武蔵野	町	202	80		80	1945年	2月17日	艦上機	中島飛行機武蔵製作所	357	69.5
12	名古屋	市	1,944	1,617			1945年	3月25日	45	三菱重工業発動機製作所	193	
13	名古屋	市	29	29			1945年	3月30～31日	48	三菱重工業発動機製作所	193	
14	静岡	市	194	102		70	1945年	4月4日	55	三菱重工静岡航空発動機製作所	2011	48.9
15	小泉	町	121	99			1945年	4月4日	56	中島飛行機小泉製作所	1545	23.8
16	立川	市	224	134			1945年	4月4日	57	立川飛行機	792	28.2
17	名古屋	市	385	302			1945年	4月7日	59	三菱重工業発動機製作所	193	94
18	砂川	村	177	114			1945年	4月24日	96	日立航空機立川発動機製作所	2009	73.5
19	立川	市	885				1945年	4月30日	126	立川陸軍航空工廠	1404	38.5
20	呉	市	28	28	28	112	1945年	5月5日	146	広海軍航空廠	794	71.5
21	本庄	村	1,379		373	138	1945年	5月11日	172	川西航空機甲南製作所	1702	39
22	鳴尾	村		48			1945年	6月9日	191	川西航空機鳴尾製作所	18	73.4
23	明石	市	692	644	269	375	1945年	6月9日	192	川崎航空機明石工場	1547	
24	名古屋	市	2,068	2,068		2,068	1945年	6月9日	193	愛知時計電機熱田工場	198	95.7
25	横浜	市	136	136			1945年	6月10日	196	日本飛行機富岡工場	1391	33
26	千葉	市	152	152	152		1945年	6月10日	198	日立航空機千葉工場	2145	0
27	連島	町	11	11		11	1945年	6月22日	216	三菱重工業玉島製作所	1681	87.5
28	姫路	市	366	341	67	74	1945年	6月22日	217	川西航空機姫路製作所	2047	99

番号	都市名		全体民間死者数	市域民間死者数	住民死者数	工場労働者死者数	空襲日		B29作戦任務番号または空襲種別	目標	目標番号	破壊率
29	蘇原	町	168	90		90	1945年	6月22日	218	三菱重工業各務原工場	1833	
30	蘇原	町	上に含む				1945年	6月22日	219	川崎航空機各務原工場	240	60.2
31	明石	市		61		61	1945年	6月22日	220	川崎航空機明石工場	1547	
32	明石	市	188	149	149		1945年	6月26日	225	川崎航空機明石工場	1547	74.3
33	蘇原	町	89	58			1945年	6月26日	228	三菱重工業各務原工場	1833	77.5
34	名古屋	市	432	426			1945年	6月26日	229	愛知航空機永徳工場	1729	
35	蘇原	町	上に含む				1945年	6月26日	231	川崎航空機各務原工場	240	
36	良元	村	182	106			1945年	7月24日	285	川西航空機宝塚製作所	2137	85
37	名古屋	市	167	167		167	1945年	7月24日	287	愛知航空機永徳工場	1729	40.6
38	名古屋	市	上に含む				1945年	7月24日	287	愛知航空機名古屋工場	199	64.8
39	半田	市	268	268			1945年	7月24日	290	中島飛行機半田製作所	1635	40.8
	合計		10,494	9,057	1,109	3,901						59.244

表4　軍需工場（除く飛行機工場）空襲

番号	都市名		全体民間死者数	市域民間死者数	住民死者数	軍人死者数	軍属死者数	工場労働者死者数	空襲日		B29作戦任務番号または空襲種別	目標	目標番号	破壊率
1	八幡	市	216						1944年	6月15日		日本製鉄	28	
2	八幡	市	46	46				46	1944年	8月20日		日本製鉄	28	
3	郡山	市	455	455	108	5		347	1945年	4月12日	64	保土ヶ谷化学郡山工場	2025	59
4	郡山	市	上に含む						1945年	4月12日	65	郡山化学	6129	72.8
5	日立	市		886	117			669	1945年	6月10日	197	日立製作所海岸工場	1476	96.8
6	呉	市	69	69	69		476		1945年	6月22日	215	呉海軍工廠	657A	72
7	大阪	市	681	558					1945年	6月26日	284	住友金属	263A	
8	大阪	市	上に含む						1945年	6月26日	286	大阪陸軍造兵廠	382	
9	名古屋	市	432	426					1945年	6月26日	226	名古屋陸軍造兵廠千種工場	196	83
10	名古屋	市	上に含む						1945年	6月26日	227	名古屋陸軍造兵廠熱田工場	197	54.3
11	名古屋	市							1945年	6月26日	227	日本車輌	241	61.3
12	名古屋	市							1945年	6月26日	230	住友ジュラルミン名古屋工場	2040	55
13	大阪	市	214	187					1945年	7月24日	284	住友金属	263A	96.4
14	大阪	市	上に含む						1945年	7月24日	286	大阪陸軍造兵廠	382	
15	津	市	1,200	1,200					1945年	7月24日	288	津海軍工廠	2224	
16	舞鶴	市	0	0			97		1945年	7月29日	模擬原子爆弾	舞鶴海軍工廠	1040	
17	豊川	市	113	113	113	120	2,434		1945年	8月7日	317	豊川海軍工廠	1653	
18	光	市		0		51	687		1945年	8月14日	325	光海軍工廠	671	71.8
19	大阪	市	359	359					1945年	8月14日	326	大阪陸軍造兵廠	382	64.3
20	岩国	市		517	517				1945年	8月14日	327	麻里布鉄道工場・岩国駅	2202	92
	合計		3,785	4,816	924	176	3,694	1,062						73.225

表 5　石油関係空襲

番号	都市名		全体民間死者数	市域民間死者数	住民死者数	軍人死者数	軍属死者数	空襲日		B29作戦任務番号	目標	目標番号	石油作戦	破壊率	回数	備考
1	岩国	市	104	104	104		360	1945年	5月10日	165	岩国陸軍燃料廠	2121				
2	徳山	市	0	0			294	1945年	5月10日	163	徳山第三海軍燃料廠	673		49.6	2	
3	徳山	市	上に含む					1945年	5月10日	166	大島海軍貯油所	1884		90		
4	徳山	市						1945年	5月10日		大竹海軍製油所			45		
5	大阪	市						1945年	6月		丸善石油	257		88	2	大都市大阪
6	四日市	市	22	22	22		3	1945年	6月26～27日	232	宇津部川製油所	1684	1	45.6	2	第二海軍燃料廠
7	下松	市	124	124				1945年	6月29日	238	日本石油下松製油所	672	2	62	2	
8	海南	市	44	44				1945年	7月3日	245	丸善石油下津製油所	1764	3	75		8.10も
9	大崎	村	37	37				1945年	7月3日	245	丸善石油下津製油所	1764	3			
10	大崎	村	16	16				1945年	7月6～7日	255	丸善石油下津製油所	1764	4			
11	四日市	市	8	8	8			1945年	7月9日	261	宇津部川製油所	1684	5	45.6	2	第二海軍燃料廠
12	川崎	市						1945年	7月13日	267	川崎人造石油	128	6	51	3	
13	下松	市	45	44				1945年	7月15～16日	270	日本石油下松製油所	672	7			
14	尼崎	市	100	100				1945年	7月19～20日	281	日本石油尼崎製油所	1203	8	78		
15	宇部	市						1945年	7月24日	283	帝国燃料宇部工場	1841	9	100	2	7.22　7.16も
16	川崎	市						1945年	7月25日	291	三菱石油川崎製油所	116　127	10	38	3	
17	徳山	市	482	482				1945年	7月27日	294	徳山第三海軍燃料廠	673		71		中小都市空襲
18	椒	村	23	23	21	1	2	1945年	7月28～29日	303	東亜燃料和歌山製油所	5046	11			
19	川崎	市						1945年	8月1日	310	川崎人造石油	116　127 128	12	51	3	
20	宇部	市						1945年	8月5～6日	315	帝国燃料宇部工場	1841	13	100	2	7.22　7.16も
21	尼崎	市	20	20				1945年	8月10日	322	日本石油尼崎製油所	1203	14	78		
22	秋田	市	93	93	93	160	24	1945年	8月14～15日	328	日本石油秋田製油所	1066	15	70		
23	新潟	市						1945年			早山製油所	1000		41.7		
	合計		1,118	1,117	248	161	683							65.528		

第二巻　あとがき

第二巻は平和博物館とともに私が中心的に研究してきた東京空襲について書いたものをまとめたものです。しかし東京空襲については既に写真集を刊行し、その中に空襲・戦災関係の表も掲載しており、それとの重複を避けたため、第二巻は分量が少なくなっています。空襲研究については体験者の証言の紹介が主になっており、体験者などによる推定により被害を過大に書かれたものが多くあります。私は記録によりどこまで明らかになったかを明確にする努力をしてきました。第二巻はその努力の集大成となっています。第二巻も第一巻と同様にアテネ出版社に大変お世話になりました。お礼申し上げます。第三巻も分量が少なく、第二巻と第三巻の同時進行になり、同時発売になりました。

二〇二四年　三月

山辺　昌彦

山辺昌彦（やまべ まさひこ）
1945年９月　東京都杉並区生まれ
1969年３月　東京都立大学人文学部人文科学科史学専攻卒業
1975年３月　早稲田大学大学院文学研究科史学専攻日本史専修博士課程所定単位取得、博士候補検定合格
1981年３月　早稲田大学大学院文学研究科史学専攻日本史専修博士課程単位取得退学
〈職歴〉
1983年10月　豊島区役所職員（学芸研究）（豊島区立郷土資料館開設準備担当から豊島区立郷土資料館に勤務）
1990年４月～2006年３月　立命館大学職員（学芸員）（国際平和ミュージアム設立準備室から立命館大学国際平和ミュージアムに勤務）
2006年４月～2019年６月　政治経済研究所付属東京大空襲・戦災資料センター学芸員
2006年９月～2022年１月　わだつみのこえ記念館学芸員
〈その他〉
1982年～1990年　法政大学第一教養部兼任講師
1996年～2001年　国立歴史民俗博物館共同研究員
2005年～現在　政治経済研究所主任研究員
2009年～2011年　専修大学文学部兼任講師
2010年～2011年　早稲田大学文学学術院非常勤講師

山辺昌彦15年戦争関係論文集 ②
東京空襲の諸問題

発行日　2024年４月30日　初版発行

著　者　山辺 昌彦

発　行　アテネ出版社
〒101－0061
東京都千代田区神田三崎町2-11-13-301
電話03－3239－7466　fax03－3239－7468
https://www.atene-co.com　info@atene-co.com

印　刷　日本ハイコム

ISBN978-4-908342-11-0　C3036

山辺昌彦15年戦争関係論文集 1

15年戦争展示にみる平和博物館の経緯と課題

山辺昌彦［著］

A5判／並製本／400ページ

本体価格3000円+税

ISBN978-4-908342-10-3　C3036　¥3000E

著者は15年戦争を対象とする平和博物館の展示や東京空襲などを取り上げ研究し、長年各雑誌や研究誌に執筆してきた。それらを「平和博物館」「東京空襲」「その他」の三つに分けて今回刊行された。

第1巻の本書は1985年に豊島区立郷土資料館で戦争展示を担当して以来、各誌に執筆してきた17編の本編と関連する資料編（表）7編からなる。平和博物館を全面的に研究するものではなく、15年戦争に関連した取り組みに絞ったものである。

山辺昌彦15年戦争関係論文集 3

戦中戦後の文化活動と日本軍兵士の諸問題

山辺昌彦［著］

A5判／並製本／208ページ

本体価格1800円+税

ISBN978-4-908342-12-7　C3036　¥1800E

第3巻は平和博物館と東京空襲以外の15年戦争関係の論文を収録している。「国立歴史民俗博物館」の共同研究にも参加しそこでの研究成果も含んでいる。また「柳瀬正夢研究会」に参加しそこでの成果も含んでいる。

ほかに中国での日本人反戦運動における天皇制認識についての論文、中国共産党東京支部についての論文、さらに戦時下の博物館の戦争展示についても収録している。また市民の戦争展運動について書いたものも収録し、最後に秋田雨雀について書いたものも入れた。